Tristezas não pagam dívidas

como domar seus credores e colocar as contas em dia

Por Mara Luquet
Charges Zeca

2ª Edição
2006

Letras & Lucros

www.saraivauni.com.br

Letras & Lucros

Projeto gráfico e capa
Beto Nejme (Asterístico)
Vanina Maia (Asterístico)

Editoração eletrônica
Helena Cortez (Asterístico)

Edição: Mário Watanabe

Revisão: Eliel Silveira Cunha

Ilustração: Zeca de Carvalho

Produção editorial: Roberta Rodrigues

Editora Letras&Lucros
Telefone: 11 3051-6137
E-mail: letraselucros@letraselucros.com.br

Editora Saraiva

Av. Marquês de São Vicente, 1697 – CEP 01139-904
Barra Funda – Tel.: PABX (0XX11) 3613-3000
Fax: (0XX11) 3611-3308 – Televendas: (0XX11) 3613-3344
Fax Vendas: (0XX11) 3611-3268 – São Paulo-SP
Endereço Internet: http://www.editorasaraiva.com.br

Diretora editorial: Flávia Helena Dante Alves Bravin
Editores: Marcio Coelho
Rita de Cássia da Silva
Produção editorial: Viviane Rodrigues Nepomuceno
Gisele Quirino
Marketing editorial: Diana Alcantara Nastri Cerveira
Aquisições: Eduardo Viegas Meirelles Villela
Adaptações para 2ª edição: ERJ Composição Editorial

ISBN 85-02-05820-7

CIP-BRASIL. CATALOGAÇÃO-NA-FONTE – SINDICATO NACIONAL DOS EDITORES DE LIVROS, RJ.

Luquet, Mara
    Tristezas não pagam dívidas: como domar seus credores e colocar as contas em dia / por Mara Luquet ; charges Zeca. - 2. ed. - São Paulo : Saraiva : Letras&Lucros, 2006

    ISBN 85-02-05820-7

    1. Finanças Pessoais. 2. Devedores e credores. 3. Dívidas - Renegociação. I. Título. II. Título: Como domar seus credores e colocar as contas em dia.

06-2083.
    CDD 332.024
    CDU 330.567.2

Copyright © Mara Luquet
2006 Editora Saraiva e Editora Letras & Lucros
Todos os direitos reservados.

2ª Edição
1ª tiragem: 2006
2ª tiragem: 2006

Nenhuma parte desta publicação poderá ser reproduzida por qualquer meio ou forma sem a prévia autorização da Editora Saraiva.
A violação dos direitos autorais é crime estabelecido na Lei n. 9.610/98 e punido pelo artigo 184 do Código Penal.

Para Elb e Cezar, meus pais.

Agradecimentos

A Sônia Girão, minha gerente, que sempre acreditou na minha capacidade de solvência. As minhas amigas, Célia Gouvêa, Ciça Gouvêa, Cynthia Malta, Eliana Cardoso, Marinete Veloso e Vera Brandimarte, que deram a maior força para publicar o livro.

Sumário

Cap. 1 Tristezas não pagam dívidas ◆ 7
Cap. 2 Como tudo começou ◆ 15
Cap. 3 Parentes e amigos ◆ 21
Cap. 4 Eu devo, tu deves, ele deve ◆ 31
Cap. 5 Então me diga ◆ 39
Cap. 6 Devo, não nego ◆ 45
Cap. 7 Meu cartão de crédito é uma navalha ◆ 53
Cap. 8 Vou fingindo que sou rico para ninguém zombar de mim ◆ 61
Cap. 9 SPC, Serasa e outros bichos ◆ 67
Cap. 10 Não se deixe intimidar ◆ 73
Cap. 11 Senhores, tenham pena de mim ◆ 79
Cap. 12 Mãos à obra ◆ 87

Cap. 1

Tristezas não pagam dívidas

Então você está com problemas com as dívidas que fez? Afinal, se pegou este livro é porque deve estar à procura de alguma cura milagrosa para a doença que o persegue: as dívidas. Agora, se você é daqueles que pagam tudo em dia e ainda conseguem guardar dinheiro no fim do mês, devolva o livro. Procure na prateleira algum outro, como *Investimentos*, de Mauro Halfeld, *Mercado de Capitais*, de Jorge Mizumi, ou o *Guia Valor Econômico de Finanças Pessoais*, de minha autoria.

Está surpreso por eu já ter escrito um livro sobre investimentos? Na verdade, escrevi alguns. Nem por isso deixei de fazer dívidas, como qualquer mortal. Mas hoje posso lhe dizer, com o peso da experiência: se até eu consegui me livrar do problema, qualquer um consegue.

Para começar, vamos deixar bem claro que não existem soluções milagrosas, algo como dinheiro que cai do céu para você quitar suas dívidas. Você fez, você paga, e isso tem um custo mais do que financeiro. Na mesma situação estão incontáveis outras pessoas, porque bem poucos conseguem viver sem dívidas. É papagaio atrás de papagaio, uma preocupação que parece não ter fim. Por isso, siga na leitura do livro para encontrar o seu caminho para livrar-se do problema.

Não se trata de um daqueles remédios anunciados na TV para perder peso em uma semana. Pergunte a qualquer médico minimamente sério, e ele dirá que isso é impossível. Emagrecer de forma saudável requer disciplina.

Livrar-se das dívidas também. Não existe Porangaba* para dívidas. E o pior é que talvez seja mais rápido emagrecer do que ficar sem dívidas. Mas como não há mal que sempre dure, a boa notícia é que você pode se divertir muito enquanto põe as contas em dia, não precisará sofrer e depois ainda pode escrever um livro.

Não dou os nomes reais nas histórias que conto aqui, para poupar as pessoas. Quem, como eu, consegue um dia superar o problema, em geral nem gosta de pensar nas enormes dificuldades enfrentadas. E aqueles que ainda não o conseguiram costumam morrer de vergonha ao admitir o fato, quando não adotam a atitude muito pior de desfilar por aí na maior pose, como se tudo estivesse em dia.

Na verdade, não há vergonha em não ter dinheiro para pagar dívidas. Não é crime nem pecado. Você não será preso por isso, desde que não se trate de pensão alimentícia. Aliás, até o feroz Leão do Imposto de Renda compreende a questão. Para ele, o crime está em sonegar, mas não em não ter di-

---

* erva que promete perda de peso

nheiro para pagar o imposto. Dever também não é pecado. Lembre-se de que em nenhum dos dez mandamentos se diz que não deixarás de pagar suas dívidas em dia. Já a usura...

Assim, se existe algum culpado nessa história, esse não é você. Como devedor, você é a vítima. No entanto, apesar de não ser crime nem pecado, ficar devendo não é um problema trivial e tem de ser encarado com responsabilidade. Afinal se você não paga uma dívida, alguém pode sair prejudicado. Você não gostaria que seu patrão deixasse de lhe pagar o seu salário, apropriando-se de seu tempo sem uma contrapartida. Se o devedor não paga, onde fica a confiança que serve de base ao funcionamento do nosso sistema econômico? Daí a importância de entender melhor esse processo, livrar-se das culpas e buscar a rota correta para recuperar sua saúde financeira.

Diariamente somos bombardeados por propagandas cheias de gente bonita, bem-sucedida, entregando seus cartões de crédito e assinando seus cheques especiais nos melhores restaurantes, hotéis e lojas do mundo.

Tudo mentira, pelo menos o que se vê na tela. Sou capaz de apostar que grande parte daquelas pessoas que desfila nesses comerciais está com pro-

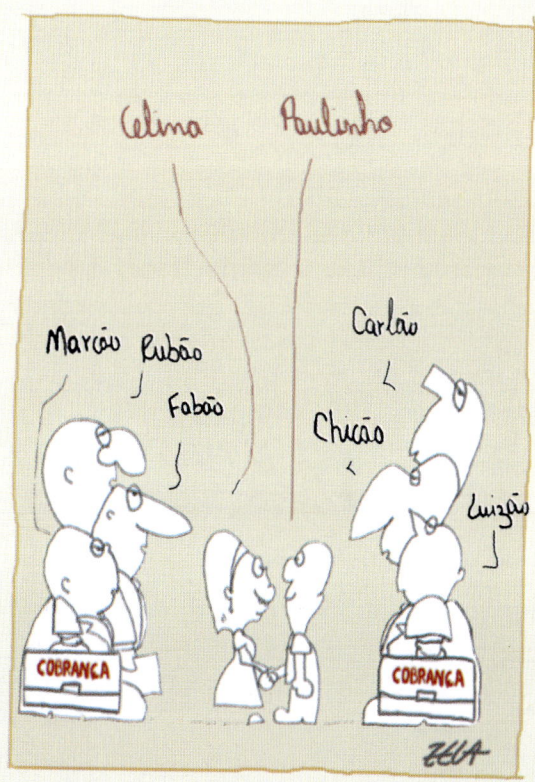

Aqui você se sente em casa. Todo mundo já teve dificuldades para pagar suas pendências blemas para pagar seus cartões de crédito. Até porque o cachê desse pessoal que trabalha como figurante em comerciais é uma miséria. Já os artistas conhecidos, bem, boa parte deles é tão desorganizada em relação às finanças pessoais quanto nós.

E sabe por que isso acontece? Porque a própria história econômica do país nos empurrou para uma situação de total falta de planejamento financeiro. Assim, é mais fácil encontrar pelas ruas pessoas como você, muitas delas devendo os tubos, do que bem-aventurados com a vida financeira em perfeita ordem.

É isso, meu amigo, você é a regra. A exceção são aqueles que nunca tiveram problemas financeiros. A minha geração, por exemplo, cresceu num ambiente com altas taxas inflacionárias. Quem consegue planejar qualquer coisa com a inflação nos calcanhares, corroendo seu dinheiro todo dia? Ou seja, nosso código genético já não ajuda, e a instabilidade econômica do país só agravou o problema. Nascemos, assim, mais propensos a gastar do que a economizar, e a falta de estabilidade monetária no país só potencializou essa característica natural.

Além disso, nos últimos dez anos convivemos com taxas de juro estratosféricas. Realmente é um milagre que o povo brasileiro tenha conseguido so-

breviver a um custo tão alto do dinheiro. Os juros, no Brasil, asfixiam a economia, roubam nossos empregos, enriquecem nossos credores e nos levam à falência. Lembre-se de que algumas empresas brasileiras, de nome e tradição, simplesmente desapareceram do mapa nos anos 90 porque tiveram de recorrer a empréstimos bancários.

É claro que não se pode esperar do banqueiro um empréstimo de pai para filho. Banco vende dinheiro e dinheiro custa caro, principalmente no Brasil. Às taxas de juro que vigoram no país, crédito bancário parece veneno de rato. Mata sem dó nem piedade. E olhe que nas grandes empresas que sumiram havia diretores financeiros e equipes inteiras de profissionais fazendo dia e noite cálculos e projeções. Agora, olhe para você mesmo, sozinho no mundo, sem ter com quem compartilhar nem mesmo os cálculos financeiros dos juros que estão corroendo sua alma.

Por isso, não se sinta culpado se você chegou até a uma situação que os cronistas de boxe chamariam de *corner*, impossibilitado de pagar em dia seus débitos. Digamos que você se alavancou, como gostam de repetir os economistas. Alavancagem é um jargão do mercado financeiro que significa tomar dinheiro emprestado. Alavancagem, seja por

tomar dinheiro emprestado. Alavancagem, seja por meio dos complexos contratos de derivativos dos mercados futuros e de opções, seja nos aparentemente inofensivos cartões de crédito ou cheques especiais, é um perigo.

Mas existe um consolo: renegociar dívidas faz parte do processo econômico. Governos renegociam dívidas. Foi assim com México, Brasil e Argentina na década de 80, que sem ter como pagar seus empréstimos externos tiveram de pedir moratória e renegociar suas dívidas. Em 1990, durante o Plano Collor, o Brasil voltou a renegociar sua dívida, dessa vez com os credores internos, o que os economistas chamam de dívida pública e que é representada pelos títulos emitidos pelo Tesouro Nacional. Você ainda deve se lembrar do Plano Collor, que congelou 80% da poupança financeira do país. Esses são só alguns exemplos, há muitos outros. Empresas também renegociam suas dívidas, e os jornais freqüentemente acompanham com reportagens todo o processo de reestruturação. Lembre-se sempre desses episódios quando estiver prestes a contrair uma dívida para pagar outra, mais antiga. Não faz sentido. Dívidas que não podem ser pagas só se resolvem com uma reestruturação.

Por isso resolvi contar neste livro não só minha própria história como as que pude constatar ao longo da minha trajetória profissional. Nos últimos anos vi tanto leitor, parente e amigo sofrendo com o que deviam que resolvi escrever este livro, para lhes mostrar que há luz no fim do túnel. Espero que você aproveite a viagem que vamos iniciar. Ao final, não há pote de ouro, mas há paz e tranqüilidade – e ainda a certeza de que nenhum cobrador será capaz de tirar isso de você. •

Cap. 2

Como tudo começou

Sinceramente, não sei explicar a origem de minhas agruras financeiras. Não faço a menor idéia de quando comecei a contrair dívidas. Acho que já nasci devendo. Se o primeiro sutiã a gente nunca esquece, como diz a propaganda, das dívidas a gente não se lembra, nem da que vai vencer no próximo mês, nem, muito menos, da primeira.

Dinheiro nunca foi problema na minha família. Nenhum de nós jamais se preocupou com tal assunto, não por sermos ricos, mas porque vivíamos com o que tínhamos e, em caso de aperto, achávamos um jeito.

Fui educada para ler, para estudar, tive também uma forte educação religiosa, mas ninguém me ensinou a fazer planejamento financeiro. Aliás, acho que não fui da primeira geração a não ter educação financeira na família. Minha mãe, por exemplo, sempre foi uma madame. Foi sustentada pelo pai dela e, depois, pelo meu pai. Já este também nunca teve dificuldades financeiras. Meu avô não era homem rico, mas, muito controlado, fazia milagres com o orçamento doméstico.

O problema é que meu avô não passou esses ensinamentos para o filho, que por sua vez não os passou para seus filhos, nem para a mulher (atualmente ex-mulher, já que se separaram há alguns anos). Quando meus pais se separaram, uma das grandes

questões em relação ao desquite (na época ainda não havia o divórcio) foi o pagamento da conta dos cartões de crédito.

Meu pai gastou um bocado com as namoradas em São Paulo, e minha mãe, nos shoppings do Rio, talvez para se vingar do meu pai. O fato é que sobrou para o meu avô. Foi ele quem pagou as dívidas dos cartões do casal quando da separação.

Assim, talvez traga do berço o desapego ao planejamento. Mas sei que, sem planejamento, a gente nunca tem a noção exata de quanto pode gastar. Quem não se impõe limites acaba acordando um dia, cedo ou tarde, sem dinheiro no bolso.

Foi o que aconteceu comigo. Quis então evitar a repetição do problema e pedi ajuda ao meu marido para montar minha primeira planilha de orçamento. Ele quase teve um infarto ao pegar meu talão de cheques para fazer uma relação dos gastos a partir dos canhotos.

– Mas onde estão as anotações? – quis saber.
– Que anotações? – perguntei, sem ter a menor idéia do que ele estava querendo.
– As anotações de quanto foi cada cheque e no que você gastou – explicou-me com naturalidade.

Gelei. Eu jamais havia pensado em anotar nos canhotos os valores gastos ou os destinatários dos pagamentos.

– Você não anota os cheques? – perguntou ele, já atordoado com a previsível resposta.

Na correria do dia-a-dia, sem poder perder tempo com coisas pequenas, eu procurava me concentrar nos assuntos que me pareciam mais importantes. E desse rol, definitivamente, não fazia parte o registro de cheques emitidos. Mas acontece que anotar nomes e valores nos canhotos do talão é a única forma de saber quanto, quando e como se gastou, além de nos ajudar no controle do saldo da conta-corrente. Em outras palavras, quando se toma esse cuidado evita-se passar cheques sem fundo. Tão óbvio para alguns, tão estranho para mim.

Naquela época eu já era jornalista financeira e trabalhava num jornal de economia. Lembro-me de um vizinho que sempre me ligava perguntando onde deveria aplicar o dinheiro, como seu eu fosse o próprio mago das finanças. Mas uma coisa é escrever sobre taxas de juro, outra é detalhar nos canhotos dos cheques as despesas pessoais. Assim, o mago das finanças ia contraindo dívidas, emitindo cheques e gastando cartões de crédito sem a menor culpa.

As taxas de juro estavam altíssimas, eu escrevia regularmente sobre isso. No entanto, comprava carros financiados. Um erro básico pela teoria econômica. Além de financiar os carros eu atrasava as presta-

ções, o que aumentava o tamanho da dívida. Uma vez quase perdi um carro por causa dos atrasos.

Pressionada, fui ao escritório do advogado que estava a serviço do banco para colocar as prestações em dia. Como, logicamente, não tinha o dinheiro, propus dar um cheque pré-datado. A moça que me atendeu fez sinal negativo com a cabeça. Pagamento, só a vista.

– Mas eu não tenho dinheiro hoje – ponderei.

– Tudo bem, então volte quando tiver o dinheiro – respondeu ela.

Muito bom para ser verdade, eu pensei, até ela completar a resposta.

– Mas o oficial de justiça vai apreender seu carro.

– O quê?! – perguntei, entre incrédula e indignada.

– Eles levam para um depósito. Depois de pagar a senhora pode pegar o carro de novo – explicou a moça.

– Mas você não pode aceitar o cheque e evitar isso?

– Não – respondeu.

– Mas isso é horrível – disse eu, já quase implorando para que ela ficasse com o cheque.

– Só existe uma forma de evitar que o carro seja apreendido – ela atenuou.

– Qual?

– A senhora deixa ele guardado em alguma garagem que não seja a sua, até pagar as prestações.

Guardado era, no caso, um eufemismo. O que ela estava dizendo de fato era: esconda o carro.

Senti-me péssima, mas não tive dúvidas. Saí do escritório do advogado e, depois de trabalhar, voltei para casa em São Paulo, arrumei as malas, pus no carro e toquei para o Rio. Não, eu não estava fugindo. Iria visitar parentes. Mas aproveitei e deixei o carro lá. Voltei de avião.

O carro ficou parado na garagem do meu apartamento carioca até eu conseguir liquidar as prestações em atraso. Minha mãe sabe dessa história porque me acompanhou na viagem de resgate do veículo, mas meu marido não. Ele só vai descobrir agora, ao ler este livro. Para dizer a verdade, ele bem que estranhou o fato de eu preferir deixar um carro novo parado na garagem por algum tempo. Mas, como nunca conseguiu entender direito a minha lógica, aceitou a desculpa qualquer que dei.

Na estrada, um carro velho atrapalhava a passagem, e eu reclamava com minha mãe.

– Por que esse sujeito ainda sai com um carro velho desses?

– Bem, pelo menos ele não está fugindo do oficial de justiça – ponderou minha mãe.

Dirigi toda a madrugada pensando no absurdo da situação e me prometi nunca mais comprar carros financiados. Cumpri a promessa. ◆

Cap. 3

Parentes e amigos

Provavelmente não vai restar um amigo ou familiar disposto a me convidar para a ceia de Natal depois que este livro for publicado. Ou talvez me perdoem, já que não vou citar nomes nas histórias.

A cena se passa numa casa de praia. Janeiro, verão, a família reunida. Chega então o pai num carrão, cheio de compras e com um cachorro lindo. O pai exibia orgulhoso o *pedigree* do animal, que deveria ter custado um bom dinheiro. A casa, pouco tempo antes, tinha passado por uma reforma. Recebera um belo muro, portões majestosos e uma piscina maravilhosa.

O pai parecia um empresário, não era. A mãe parecia uma milionária, ela até que gostaria muito de ser, mas também não era. Enfim, tudo apenas parecia sem ser de fato, menos a cena. Esta era real graças aos cartões de crédito, cheques pré-datados e alguns pequenos crediários.

Terminado o verão, começaram os problemas. O cachorro bonitão com *pedigree* definhou, emagreceu a olhos vistos e era só uma sombra do que fora quando o caseiro do vizinho, por pena, o adotou. A piscina ficou às moscas, ou mais propriamente para o *aedes aegypti*, o mosquito da dengue, porque por meses a fio só ele a freqüentou. Nas paredes da casa desabitada surgiram manchas de bolor e umidade, as portas e janelas perdiam o brilho do verniz.

Além dos mosquitos e do caseiro que resgatou o cachorro esfomeado, só passaram por lá os credores do material de construção comprado a prazo, em busca das prestações em atraso.

Esse é outro dos problemas causados pela falta de planejamento: enxergar as prestações de forma isolada, com um valor mensal perfeitamente cabível no orçamento. Na realidade, porém, como elas vêm se somar a várias outras contraídas anteriormente, quem se endivida sem fazer contas pode chegar ao ponto de não ter mais salário ou renda logo no começo do mês, apenas prestações.

Quando a soma das prestações se torna maior que o salário do mês, é sinal de que quebramos. Pois, além de pagar prestações, cartões de crédito e cheques pré-datados, precisamos também viver, ou seja, comer, morar, ir para o trabalho, pagar escola, telefone, gás e luz, ir ao cinema, tomar um chope com os amigos, passear. Prazerosas ou não, todas essas atividades implicam despesas.

Pagar contas de serviços nunca foi o meu forte. Quando solteira, morei anos num *flat* nos Jardins, em São Paulo. *Flat* é aquele apartamento em que todos contam com serviços diários, como arrumadeira, quer dizer, quase todos. Certa vez, ao chegar em casa, vi que meu apartamento não estava limpo. Liguei então para a administração, disposta a reclamar em tom indignado.

Mas a resposta me desarmou. Os serviços foram cortados, disse-me o rapaz que atendeu o chamado, porque meu condomínio estava atrasado três meses. Tenho a impressão de que isso nunca havia ocorrido antes, na história do *flat*. E acho que a administração sentiu-se segura do que estava fazendo, pois alguns meses antes a luz do meu apartamento havia sido cortada, também por falta de pagamento.

O problema é que, depois que coloco as contas na minha bolsa, elas simplesmente desaparecem da minha mente. Deixam de ser uma fonte de preocupação. Como se minha bolsa operasse uma espécie de débito automático em conta.

Houve uma vez em que liguei para a minha avó e fiquei preocupada porque ela não atendeu ao chamado. Era no meio do dia, minha avó não era de sair e ninguém da família, a quem consultei, sabia de seu paradeiro. Liguei então para uma vizinha dela e pedi que fosse até o apartamento verificar o que tinha acontecido. E não é que minha avó estava em casa, sã e salva? O telefone é que estava quebrado e não recebia ligações.

Um absurdo. Uma senhora idosa, morando sozinha, não podia ficar sem telefone. Pedimos conserto. Três dias se passaram, e nada.

A vizinha então ligou para a companhia telefônica para reclamar. Ao final da peroração, soube da razão do problema. A linha tinha sido cortada por falta de pagamento.

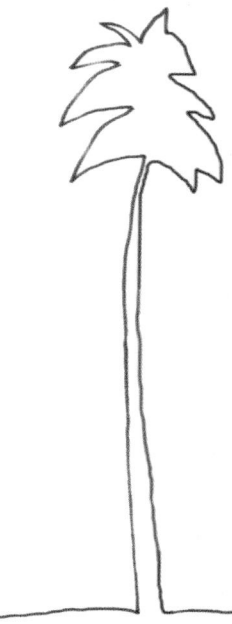

– O que é isso? – perguntei à minha avó.

Ela pensou que estivesse com o mal de Alzheimer, tamanho o esquecimento. E se penitenciava, coitada, porque o falecido marido era homem muito rigoroso nesse assunto, tanto que jamais fizera uma dívida. As contas ele as pagava muito antes do vencimento. O pobre deveria estar se revirando no túmulo, julgando que aquela casa andava de cabeça para baixo depois da partida dele.

Bem, mas a culpada do esquecimento não era exatamente a minha avó. Era eu. Ocorreu que certo dia fui almoçar na casa dela e, à saída, querendo ajudar, pedi-lhe a conta de telefone. Ela estava tão triste, meu avô acabara de morrer e eu tinha de fazer alguma coisa. Peguei a conta e a coloquei na bolsa. Não preciso contar o restante, você sabe o que aconteceu.

No final da adolescência aconteceu algo do qual me lembro até hoje, e talvez venha daí esse meu desprezo por contas telefônicas. Minha mãe chegou em casa com um telefone sem fio, inovação que na época era uma raridade no mercado nacional. Ela chegou toda feliz com o aparelho que acabara de comprar. Mas, e a linha? De que adiantava a tecnologia de último tipo se o telefone não falava? Pois é, tínhamos um aparelho novo, mas estávamos mudas por não haver pago a conta.

E isso ainda não foi nada. Minha mãe resolveu descer para a rua para pedir o conserto do nosso telefone pelo

orelhão. Para seu azar, e da família, o aparelho público também estava mudo, certamente não por um problema financeiro, mas por vandalismo. Ela então entrou numa loja que ficava do outro lado da rua para pedir o telefone emprestado. Tratava-se de uma concessionária de automóveis. Fez o telefonema – e saiu de lá de carro novo.

Como alguém desce alguns minutos do apartamento para dar um telefonema e compra um carro?! Você acha estranho? Nem tanto. Uma amiga foi dar um passeio num domingo de sol com os filhos pequenos e comprou uma cobertura no Morumbi. Que tal?

Por cinco anos ela fez das tripas coração para tentar pagar as prestações, até desistir. Entregou o apartamento. Conversando com o corretor naquela manhã de domingo ela até fez alguns cálculos mentalmente para encaixar a prestação do apartamento em seu orçamento. Ela pensou: corto aqui, economizo ali, faço umas horas extras e pronto. De fato, deu para levar, até o dia em que a prestação foi reajustada. Como você sabe, prestações de imóvel em construção são reajustadas com certa freqüência.

Você acha que estou inventando? Pode apostar, essas histórias aconteceram de verdade. E são cenas como essas que acabam nos empurrando, em algum momento, para a armadilha das dívidas. É uma sucessão de eventos que se acumulam de tal forma que acabamos por perder o controle da situação.

Outra história real, agora sobre os preparativos de uma festa de casamento. A moça finalmente realizaria seu grande sonho, com tudo a que julgava ter direito. A festa seria magnífica, o vestido fora encomendado a renomada costureira de artistas cariocas, a igreja escolhida era belíssima e haveria muitos convidados, com comida de primeira para todos.

Mas por muito pouco não houve festa. A noiva e a mãe já não dormiam às vésperas do casório. Nervosas, andavam de um lado para o outro, não por conta do grande dia, mas porque não tinham mais fundos no banco para pagar a segunda parcela do bufê, a ornamentação da igreja e o valor restante do vestido de noiva e o casamento seria no dia seguinte. Elas haviam gastado tanto com outras coisas que os limites do cartão de crédito e do cheque especial estavam estourados, ou seja, não tinham mais crédito na praça. E festa de casamento é assim. Ou você paga tudo até a véspera ou nada feito. Parece filme? Pois aconteceu de verdade.

Estava assim, tudo por um fio, até que na undécima hora chegou um parente que morava em outro Estado e iria ficar hospedado na casa da noiva. Foi ele quem pagou as parcelas que faltavam para se realizar o casamento. A festa foi um sucesso, o casal é feliz até hoje, e o parente se conformou com a não devolução do dinheiro gasto. Ficou como presente de casamento.

Em todos esses casos os protagonistas eram pessoas honestas, que nunca pensaram em passar ninguém para trás e sempre tiveram o firme propósito de pagar suas dívidas. Mas por não planejar seus gastos acabaram ficando no meio do caminho em suas maratonas financeiras.

Como você pode ver, os casos não são isolados. Eles ocorrem com uma freqüência muito acima do desejável. Eu, parentes e amigos temos histórias para contar. Aposto que você também deve ter as suas. Por isso, em vez de ficar com vergonha, escondendo-se por trás de suas dívidas, você deve encarar o problema para resolvê-lo. Acredite, você consegue. Conto aqui histórias que eu mesma vivenciei não para fazer graça, mas para mostrar a você que, assim como foi no meu caso, o seu problema tem solução.

Hoje, escaldada, fujo das dívidas, embora pudesse fazer novos crediários e ter novos cheques e cartões. Como sei que não tenho a necessária disciplina para manter minha vida em ordem, prefiro não correr o risco.

As dívidas podem causar efeitos colaterais na vida das pessoas, prejudicando o bem-estar familiar. Eis aí mais uma boa razão para que nos preocupemos em ficar longe delas.

Certa vez uma amiga minha recebeu um telefonema. Do outro lado da linha estava a mãe dela, despedindo-se porque resolvera se matar. Minha amiga ficou preocupada, mas não muito, porque tinha certeza de que a

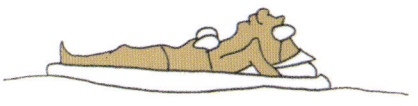

mãe não chegaria a tanto. Ela conhecia bem sua freguesia. Por via das dúvidas, decidiu averiguar o problema e ligou para uma tia mais próxima.

– Qual o problema, minha mãe está deprimida?

– Sua mãe só se mete em confusão, e desta vez vou ficar de fora – reagiu a tia, sem esconder o aborrecimento.

– Mas o que houve desta vez? – insistiu minha amiga.

– Sua mãe empenhou a jóia que o marido deu de presente de casamento, não pagou o penhor, a jóia foi leiloada e ela está com medo de voltar para casa.

– Ela perdeu aquela jóia?! – surpreendeu-se minha amiga.

– Perdeu, mas esse não é o único problema.

– Não?! Ainda tem mais?

– Eu e sua mãe fomos até a Caixa para tentar resgatar a jóia, ela parou o carro em frente ao banco e descemos.

– E?

– Quando voltamos, certas de que enfrentaríamos problemas com a perda da jóia, vimos que também o carro tinha ido embora.

– O carro?! Mas como?

– Sua mãe tinha estacionado em local proibido, por isso o carro foi guinchado. Agora é que ela não volta para casa mesmo.

A mãe dessa minha amiga é uma pessoa muito criativa. Uma das formas que ela encontrava para se financiar era comprando jóias. Comprava a prestação e imediatamente levava as jóias à Caixa Econômica para penhorar. Com o dinheiro recebido, fazia seu caixa. Só que isso funciona como uma bicicleta: não se pode deixar de pedalar, caso contrário ela cai, junto com o ciclista. No caso da nossa protagonista, a bicicleta vinha abaixo quando começavam a vencer ao mesmo tempo as prestações das jóias e os juros do penhor. Foi num momento assim, de aperto, que ela recorreu ao seu presente de casamento.

No final da história, tudo acabou se resolvendo bem, porque a vida às vezes imita o cinema. Quem disse que apenas o contrário disso é verdadeiro? Mas que é duro passar, no meio do caminho, por tantas brigas, discussões e tristezas, lá isso é mesmo. Principalmente porque elas são completamente desnecessárias.

Assim, pense que você ganhará dias de tranqüilidade e leveza ao organizar sua vida financeira, mesmo que, a princípio, você veja que está quebrado. Ou seja, para começar a resolver suas dívidas você terá, como verá mais adiante, de fazer um levantamento de todo o seu passivo e da sua receita, e num primeiro momento você poderá sentir uma enorme angústia porque vai ver que o que ganha não dá nem para o começo, tamanho o volume de dívidas. Respire fundo. Acredite, é possível resolver esse problema. ◆

Cap. 4

Eu devo, tu deves, ele deve

Mozart, o gênio da música, tinha dívidas. Garrincha, o gênio do futebol, tinha tantas que morreu na miséria. Honoré de Balzac, o gênio da literatura, também, tanto que precisava produzir sem parar para poder pagar suas contas.

A monumental *A Comédia Humana*, um conjunto de 95 romances compostos entre 1829 e 1848 para retratar a afluente burguesia francesa da época, com obras-primas como *Eugênia Grandet*, *O Pai Goriot*, *O Lírio do Vale* e *A Mulher de Trinta Anos* (daí o termo balzaqueana, para designar mulheres que passam dessa idade), foi escrita por Balzac em meio à pressão dos credores. Conta-se que ele chegava a trabalhar 21 horas por dia.

Abraham Lincoln, o grande estadista americano, que manteve seu país unificado ao custo de uma guerra civil, também tinha problemas com dívidas. Na verdade não ele, mas sua mulher, Mary Todd. Ela gastava tanto que, não raro, envolvia os assessores palacianos no pagamento das dívidas pessoais. Seus biógrafos dizem que nenhuma outra primeira-dama comprou tantas roupas como Mary. Não exageram, ao que parece, pois ela chegou a comprar trezentos pares de luvas de uma só vez, para pagar em quatro meses. Era um deus-nos-acuda, com a família em polvorosa e assessores de Lincoln sendo convocados para apagar os incêndios financeiros antes que virassem caso de Estado.

Wolfgang Amadeus Mozart, um dos maiores gênios que a humanidade já produziu, perdeu toda a fortuna que a música lhe propiciou porque era completamente incapaz de lidar com o dinheiro. Aliás, cá entre nós: você consegue imaginar alguém com tamanha luminosidade, autor de obras magistrais como *Flauta Mágica*, interrompendo suas composições para fazer as contas no fim do mês?

O que se sabe é que Mozart, um gênio como compositor, como pessoa era pouco previdente. Seus biógrafos dizem que em geral ele fazia suas músicas às pressas, premido pela necessidade de recursos. Não teria sido outra a razão de sua intensa produção. Nesse caso, Mozart ter dívidas foi bom para a posteridade. Mas nós não produzimos como Mozart quando estamos endividados.

Várias de suas magníficas sonatas para violino, quartetos para piano e trios para clarineta teriam sido compostas para pagar os credores à porta. No museu de Salzburgo, Áustria, é possível ver os manuscritos de Mozart em que o compositor anotou, nas margens de partituras de jóias da música, as dívidas pessoais que o atormentavam.

Na Viena de 1787, a quantia anual de 1200 florins era considerada mais do que suficiente para uma família com dois filhos, como era o caso de Mozart, manter um excelente padrão de vida. O músico, dizem os seus biógrafos, chegou a ganhar muito mais do que isso, até 6000 florins por ano. Mas quando morreu ele já vivia, fazia muito tempo, do favor de amigos como o banqueiro Michael Puchberg. "Sua verdadeira amizade e seu amor fraterno encorajam-me a pedir-lhe um grande favor, um empréstimo de 100 florins", escreveu-lhe certa vez o compositor. Mal tinha remetido a quantia solicitada, Puchberg recebeu novo pedido: um empréstimo de 1000 ou 2000 mil florins, por um ou dois anos "a uma taxa de juro apropriada", para dar a ele, Mozart, uma sensação de segurança*.

Como se vê, estamos bem acompanhados. Esses gênios que a humanidade produziu tinham mais com que se preocupar do que fazer planilhas de orçamento. Mas eles eram gênios. Nós não somos, ou pelo menos a humanidade ainda não nos descobriu como tais. Por isso, não podemos nos dar ao luxo de esperar que alguns assessores palacianos ou amigos banqueiros venham em nosso socorro. Até porque não os temos, nem a uns nem a outros.

*Mozart, Peter Gay, Editora Objetiva

O máximo que podemos fazer, assim, é contar com nossa própria ajuda. Os parentes e amigos devem ficar de fora dessa questão, para não corrermos o risco de perdê-los. Tenha certeza de que você não precisará deles para pagar suas dívidas. E se precisasse também seria inútil, porque seria difícil convencê-los a assumir tais passivos. Experimente tocar no assunto com eles, se duvida.

Bem, mas se eles não querem se envolver com suas dívidas, também não permita que o critiquem ou façam sentir-se ainda mais culpado. As taxas de juro a pagar já lhe ensinam o suficiente, não é preciso ouvir sermão de familiares. Agora, se algum deles se dispuser a ajudá-lo a pagar as contas, aí, meu amigo, seja todo ouvidos. Escute qualquer coisa que seu irmão, tio, pai ou cunhado queira dizer. Encare como um trabalho extra. Desde que paguem, eles podem dar a lição que quiserem. Mas prepare-se, porque parente pode virar serpente nessas horas.

Disse o poeta inglês George Herbert, a respeito: "Não fale sobre minhas dívidas a menos que queira pagá-las". Veja que essa observação ele a fez ainda no século XVII. Problema antigo esse, não? Por aí se vê que as dívidas vêm afligindo a humanidade desde sempre.

Ao analisar todas essas histórias, uma coisa se torna evidente: não é a falta de dinheiro que nos em-

purra para as dívidas, mas sim a falta de planejamento. Veja que todos os exemplos citados são de pessoas que tiveram sucesso e reconhecimento, inclusive financeiro. Não era dinheiro, portanto, o que faltava.

Esqueça aquela história de economizar para nunca se apertar em emergências. Para chegar a esse ponto sem ter um pai rico, precisaremos talvez passar por um processo evolutivo mais longo do que aquele no qual a humanidade aprendeu a andar em pé. Mas planejamento, isso qualquer um consegue, mesmo nós.

Observe o que aconteceu com Garrincha. Em 19 de dezembro de 1973, o estádio do Maracanã, no Rio, viveu horas eletrizantes com o Jogo da Gratidão. Foi reunida a Seleção Brasileira campeã de 1970, com Garrincha na ponta direita, para enfrentar um combinado do resto do mundo. A renda desse jogo foi revertida para Garrincha, que, naquela época, já vivia com sérias dificuldades financeiras. O jogo foi um sucesso, e todos estavam certos de que Garrincha ganharia um dinheiro que lhe permitiria arrumar a vida. O público pagante foi de 131 555 pessoas, o que gerou uma renda de 230 mil dólares, equivalentes hoje a quase meio milhão de dólares.

"No próprio vestiário, antes do jogo, Pelé oferecera seus assessores para ajudá-lo a investir o dinheiro. Garrincha agradecera e recusara, dizendo

que já sabia o que fazer com ele."* (Por sinal, durante o jogo, Pelé roubaria a festa com um gol antológico, fluindo pela muralha de pernas adversárias como água entre os dedos.)

Com o dinheiro, Garrincha comprou imóveis para cada uma das sete filhas, uma casa para viver com Elza Soares na Barra da Tijuca, presenteou alguns amigos com carro e dinheiro e, finalmente, abriu seu próprio negócio, um misto de churrascaria e casa de shows. O final da história é público, todos nós o conhecemos. Garrincha morreu na miséria.

Mas se Garrincha fizesse contas antes de sair gastando, veria que nem mesmo ele se poderia dar a esse luxo. Não basta ter dinheiro. Sem um bom planejamento ele se esvai, acaba sumindo, como aconteceu com o genial Mané das Pernas Tortas.

Por isso, é muito importante aprender a planejar. Só assim vamos saber até onde podemos gastar. Como vamos gastar é um problema de cada um. Eu gosto de livros, vinhos e viagem. Meu marido gosta de apartamentos e de guardar dinheiro. Você pode gostar de carros. Enfim, cada um gasta o dinheiro que tem no que quiser, depois de atender às necessidades básicas como moradia e comida.

Não há nenhum problema em gastar dinheiro, desde que você o tenha. O problema surge quando

---

* A passagem está na biografia do jogador, *Estrela Solitária, um Brasileiro Chamado Garrincha*, de Ruy Castro, editado pela Companhia das Letras.

gastamos o que não temos. Veja o que disse a respeito Thomas Jefferson, eleito presidente americano em 1800 e redator da Declaração de Independência dos Estados Unidos: "Jamais gaste seu dinheiro antes de tê-lo".

Bom conselho, não é? Mas planejar não significa necessariamente economizar dinheiro. É muito mais fácil, é simplesmente ter o comando de sua vida financeira em suas mãos. Economizar dinheiro é outra história, e vou lhe contar um segredo: quem economiza demais também tem sérios problemas.

Se você acha que isso é uma piada, saiba que há pessoas que tremem, suam frio, têm dores de cabeça terríveis só de pensar em passear num shopping e entrar nas lojas. Se a vendedora chega perto, ah!, é um drama. Gente assim morre de medo de vendedores, assim como não consegue apreciar devidamente um bom vinho ou um bom jantar quando tem de botar a mão no bolso.

De que adianta ter um enterro de primeira, se alguém viveu assim? Para que ele guardou dinheiro, para outros o desfrutarem? Pense nisso, até como consolo para o fato de você não ter nenhum, ou quase nenhum guardado.

É possível guardar dinheiro sem avareza, da mesma forma que é perfeitamente factível gastar com racionalidade. Por isso, o primeiro passo em direção a sua solvência financeira é fazer seu orçamento. Orçamento significa que você vai definir suas necessidades e planejar todos os seus gastos. Em outras palavras, você vai entender melhor o alcance de sua renda e equilibrar suas despesas e receitas.

Para elaborar o seu orçamento faça exatamente como as empresas, liste todas as suas receitas e suas despesas. Não tenha medo. Provavelmente você descobrirá que suas despesas são muito maiores do que sua receita.

O.k. Relaxe. Respire fundo e siga em frente. Melhor assim, agora você já sabe o que o espera, e vou mostrar que o bicho não é tão feio como lhe parece a princípio. Embora esteja difícil de acreditar que vai dar certo, vendo essas duas colunas tão desproporcionais, creia, você começou a organizar suas finanças pessoais, e isso já vai deixá-lo mais confortável na hora de ir dormir, porque você iniciou o processo que o levará de volta à solvência. Essa é a forma correta de pensar. Do contrário, você vai se afligir cada vez mais, e tristezas e aflições são tudo do que você não precisa nesse momento. Só com calma e racionalidade você conseguirá percorrer com sucesso esse caminho. ♦

Já "passaram" 3 dias
contas
ÔMEGA
NÓS RESOLVEMOS SUAS DÍVIDAS
contas
contas
contas
contas
Só falta um mês!
ÔMEGA

Cap. 5

Então me diga

Se eu acordo preocupado
Com as providências
Como uma conta no banco
Que eu não tenho dinheiro pra pagar

Isso me aflige, atrapalha
Faz com que eu não me dê conta
De outras coisas
Que eu deveria cuidar

(*Me diga* – Nando Reis)

De todos os males que uma dívida nos causa esse é um dos piores: "Faz com que eu não me dê conta de outras coisas que eu deveria cuidar". O endividamento excessivo pode fazer tão mal quanto uma droga, jogo ou outro vício qualquer.

Você já não consegue dormir por pensar no problema, briga em casa porque está sempre estressado e no trabalho já não rende o que deveria porque não consegue concentrar-se no que faz. É um tempo precioso da sua vida que vai escorrendo ralo abaixo e que não volta mais. A vida é para ser leve, e o dinheiro deve ajudá-lo nisso, em vez de piorar as coisas. Você precisa de dinheiro para comer, vestir-se, morar, pagar os estudos de seus filhos e divertir-se. Você não precisa de dinheiro para sofrer.

Mas você vai argumentar: é a falta de dinheiro que está me deixando assim. Não, eu respondo. O problema são as dívidas. Pense a respeito.

Veja como tudo isso começou. Pense no exato momento anterior à sua decisão de se endividar e faça a seguinte reflexão: como estaria minha vida agora se eu não tivesse contraído esse empréstimo ou esse débito no cartão? Eu aposto com você que estaria muito melhor.

Agora pense em como estaria sua vida se não tivesse adquirido o bem ou o serviço que comprou com o dinheiro do empréstimo ou do cartão de crédito. Aposto que não estaria muito diferente. À exceção de dívidas assumidas para pagar despesas extraordinárias com a saúde, todo o resto é passível de planejamento. Mais: nenhum consumo adiado em nome do planejamento vai fazer diferença na sua rotina.

Por isso, toda vez que for tomar um financiamento para comprar qualquer coisa, pense em como ficará sua vida se não trocar de carro este ano, não comprar uma televisão nova ou deixar de ter a roupa que chamou sua atenção na loja do shopping. Eu tenho certeza de que não vai mudar muito. Na seqüência, pense em como você vai ficar se não tiver dinheiro para pagar essa dívida.

O poeta americano Ogden Nash disse certa vez: "Algumas dívidas são prazerosas quando as adquirimos, porém nenhuma é prazerosa quando precisamos quitá-las". Ele está certo. A antecipação de um consumo nos dá alegria. A postergação de outro consumo, forçada pelo subseqüente pagamento das prestações, nos chateia.

Vale a pena, então, perder alguns minutos pensando em como ficará sua vida depois de mais essa dívida que você está prestes a contrair. Junto com o carro, a televisão ou a roupa, você trará para casa muitas novas preocupações também.

Dívidas são para pessoas que têm disciplina para pagá-las. Definitivamente esse não é o nosso caso. Então, o que acontece? Nós atrasamos os pagamentos das dívidas e é aí que tudo começa a complicar, porque os juros e as multas são implacáveis.

Essa reflexão sobre se vale a pena ou não tomar um empréstimo para comprar algo novo vai fazer toda a diferença para o seu bem-estar financeiro.

O endividamento o leva a entrar numa espiral de problemas da qual você dificilmente escapará, num mecanismo muito semelhante ao de qualquer outro vício. Os juros têm um efeito semelhante ao das drogas. Qual é a primeira providência que alguém normalmente toma quando percebe que não conseguirá pagar as dívidas? Faz um novo empréstimo. Isso mesmo.

Veja estes dados da Associação Nacional dos Executivos de Finanças, Anefac: dos 7,9 bilhões de reais que correntistas pessoas físicas tomaram emprestados de bancos no primeiro semestre de 2004, nada menos de 6,32 bilhões, ou seja, 80%, foram usados para pagar as faturas de cartão de crédito, do cheque especial e do crédito direto ao consumidor, CDC.

No caso do CDC, a maioria dos empréstimos já vinha descontada no contracheque do trabalhador, por estar vinculada ao salário. Tal modalidade de crédito vem se tornando popular, com sua aparência de ser um excelente negócio. A taxa de juro cobrada nesses financiamentos é menor que na modalidade não vinculada, pois, como o pagamento já é descontado em folha, isso reduz para o banco o risco de inadimplência do tomador de crédito. Mas juros são juros, aumentam o tamanho da dívida enquanto seu salário continua o mesmo.

Três fatores básicos contribuem para a formação da taxa de juro de um empréstimo: a moeda em que será feito o pagamento, o prazo do pagamento e o risco de inadimplência do tomador. Em outras palavras, se há inflação no Brasil, o real (moeda) se desvaloriza, e isso tem de ser levado em conta pelo banco. Um empréstimo de 24 meses naturalmente custa mais que um de 12, porque o banco demora mais a receber de volta a quantia emprestada. E se entre 100 tomadores 5 não pagam, também esses 5% entram como custo na contabilidade do banco.

Há ainda outros componentes que encarecem o crédito no Brasil, como a tributação das operações, o depósito compulsório exigido dos bancos pelo Banco Central e o próprio custo do dinheiro captado pelos bancos no mercado, em depósitos a vista ou em aplicações remuneradas.

Manter agências, funcionários e computadores, pagando ainda contas de água, luz e impostos – tudo isso representa um custo para o banco obter os depósitos. Já as aplicações remuneradas têm como piso, no país, a taxa básica de juro da economia, chamada Selic, determinada pelo Banco Central e que há muitos anos vem sendo uma das mais altas do mundo. E por que o governo impõe uma taxa básica tão alta? É porque, de um lado, tem de controlar a inflação, reprimindo a demanda, e, de outro, como grande devedor que ele próprio é, precisa pagar bem para encontrar compradores para seus títulos.

Bem, recorri a todos esses números para mostrar que dívida nunca se paga com outra dívida. Se você está com problemas para pagar uma conta, fique longe de novos empréstimos. Dívida que você não consegue pagar só se resolve com uma renegociação. Nunca, jamais, com novas dívidas.

Por isso, este é outro passo importante para livrar-se das dívidas: saber exatamente o quanto você deve. Isso mesmo, em geral os credores povoam nossa mente, transformam nossos sonhos em pesadelos, batem à nossa porta, mas o real montante da dívida nós nem sequer sabemos. Temos certeza de que as dívidas existem, que estão em atraso, mas nem de longe imaginamos qual o total do nosso passivo.

Quantificar o tamanho do problema vai ajudá-lo em dois pontos muito importantes na reestruturação das dívidas. Com esse expediente você saberá por onde começar. Ensinam os economistas que as dívidas mais caras devem ser pagas em primeiro lugar, e como saber quais são os débitos que mais pesam se nem sequer temos uma relação completa de quantos eles são?

Outro bom motivo para ter em mãos essa relação é conhecer exatamente quanto as dívidas consomem de seu orçamento. Estudiosos que conhecem bem economia e sabem fazer cálculos dizem que os crediários e financiamento não devem consumir mais do que 30% de seu orçamento total; o ideal é que fiquem sempre ao redor dos 20%. Por isso, não discuta com eles nem tente enfrentá-los, eles sabem do que estão falando, estudaram muito e é melhor não questionar. Qualquer montante acima desse percentual poderá colocá-lo em situação difícil mais cedo ou mais tarde. ◆

minha dívida é reestruturada
COBRANÇA
COBRANÇA
COBRANÇA
COBRANÇA
COBRANÇA
ZÉLLA

Cap. 6

Devo, não nego

O gerente do banco, por incrível que pareça, é a pessoa mais indicada para ajudar a traçar caminhos para sua solvência financeira. Afinal, reestruturação de dívida é um assunto com o qual os bancos estão para lá de acostumados.

Pode ser que o seu gerente não saiba lidar direito com a sua situação. Que seja mais um daqueles que nos procuram apenas para vender títulos de capitalização, seguros de que não precisamos ou mais um cartão além dos que já possuímos. Nesse caso, troque de gerente. Procure um outro, porque bons gerentes também existem.

Sônia Girão é a minha gerente há cerca de dez anos. Foi ela quem teve paciência e tranqüilidade para me ensinar como refinanciar minhas dívidas e sair da situação de insolvência.

Os bancos têm o que eles chamam de *credit scoring*, um sistema de acumulação de pontos para sinalizar se você é um bom ou mau cliente. Naquele momento, eu era uma péssima cliente. Não porque estava utilizando o cheque especial (os bancos a-d-o-r-a-m quando você usa o cheque especial, porque as taxas são altíssimas). Mas porque eu não estava pagando os cheques. Os cheques começavam a ser devolvidos, e meus pontos no tal *credit scoring* estavam indo ralo abaixo. Nenhum sistema minimamente inteligente me daria qualquer crédito. Pois a Sônia conseguiu uma linha de crédito para refinanciar meu cheque especial, e a taxas mais baixas.

Ela me ligou há quase dez anos.

– Algum problema? – ela quis saber. Pensei até que fosse trote.

– Algum problema? Você deve estar brincando, estou cheia de problemas – respondi, tentando ser engraçadinha.

Mas depois vi que ela realmente estava falando sério. Ainda não nos conhecíamos pessoalmente, mesmo tendo aberto a conta no banco seis meses atrás.

O sinal vermelho acendeu para ela quando minha conta estourou o limite do cheque especial pelo segundo ou terceiro mês consecutivo. Não que isso chegasse a ser uma novidade, o problema é que o estouro era alto demais.

– Notei que você está com dificuldade para pagar o cheque especial, você está com algum problema? – insistiu ela, tranqüila e sem nenhum tom de acusação na voz.

Naquela altura eu tinha todos os problemas!!! Meu avô acabara de morrer e a conta do hospital era estratosférica. Só o hospital. Havia ainda os médicos e os remédios, todos cobrados à parte.

O hospital me reclamava cerca de 6 mil reais por uma semana de internação. Esse era o mecanismo, fazer o pagamento todas as semanas. Só que, no dia em que eu deveria fazer o pagamento da primeira semana de internação, meu avô morreu. Então, dois dias depois, fui até o hospital para quitar a dívida de uma só vez, incluídas as despesas com médicos e remédios.

Para minha surpresa, a conta que me apresentaram era quase quatro vezes maior. Fiquei indignada, e perguntei, já alterando a voz, o que tinha ocorrido de um dia para o outro para aumentar tanto a fatura. As explicações foram muitas, nenhuma delas convincente. Mas essa é outra história, que vou contar num próximo livro para que você saiba como se defender dos abusos de certos hospitais.

Bem, então a equação era essa: uma ação na Justiça contra o hospital, os cartões de crédito todos estourados (e os meus limites não eram baixos), dívidas com médicos, o financiamento de um carro e algumas outras pequenas pendências. Definitivamente eu tinha problemas, e não eram poucos.

Depois que contei tudo, Sônia propôs que eu fizesse um CDC, crédito direto ao consumidor, cujas taxas eram bem mais baixas do que as do cheque especial.

– Com esse dinheiro, você quita o cheque especial – ela me disse.

Zerar a posição no cheque especial significaria ter de volta todo o meu salário, e com ele poder pagar a prestação do carro e a fatura dos cartões de crédito. Sônia me sugeriu ainda segurar os cartões de crédito por algum tempo.

Parecia simples. Só que eu esqueci de contar um detalhe para a gerente: eu tinha problemas com cheques. Não podia ver um talão que começava a assinar. Não sei se nasci assim ou se foi criação, mas talão de cheque, para mim, era algo para ser usado. Um talão limpinho dentro da bolsa me dava cócegas na mão.

Pois bem, liquidei o cheque especial, e o que aconteceu? Meu limite ficou livre de novo. E o que eu fiz? Saí gastando por aí, sem culpa. Então, o que parecia uma salvação virou um garrote. Agora, além do cheque especial também tinha de pagar as parcelas de novos financiamentos.

Mas tudo bem, aquela gerente gente boa iria me socorrer de novo, não? Sim, ela me socorreu, mas não do jeito que eu pensava. Fui lá com um papo furado de conseguir um novo financiamento.

– Sônia, estou com um problema – disse eu.

– É, estou vendo – respondeu ela, no mesmo tom tranquilo de sempre.

– Pensei que pudéssemos fazer de novo aquela operação de refinanciar o cheque especial – sugeri, na maior cara-de-pau.

– Só tem um problema, Mara. Você só pagou duas parcelas do seu CDC, ainda faltam mais quatro – ela argumentou.

– Mas eu posso fazer o seguinte, tomo um financiamento maior e liquido as quatro prestações que faltam, mais o cheque especial, que tal?

Eu parecia o próprio mago das finanças. Uma solução perfeita. O que eu não via e a minha experiente gerente enxergou é que também esse novo CDC eu não conseguiria liquidar. Ou seja, minha dívida só tenderia a crescer. E, àquela altura, ela já tinha traçado o meu perfil de consumidora compulsiva.

– Nada de novos financiamentos, os que existem já são suficientes – me disse a doce Sônia. Sempre tranqüila, com palavras de apoio em vez de críticas. Mas dessa vez, sem dinheiro.

– O que fazer então? – perguntei, aflita.

– Começar a pagar. Um a um. Começamos pelo cheque especial, que é o mais caro.

Simples assim, e verdadeiro. Quando você decidir pagar suas dívidas, deve começar pelas mais caras. Veja o custo de cada uma delas, que é a taxa de juro que você está pagando pelo cheque especial, pelo cartão de crédito ou qualquer outro financiamento, e pague primeiro a que tiver a taxa mais alta.

Então fiz uma nova negociação com o banco, assessorada pela gerente, para pagar parcelado o cheque especial. Fiquei com três prestações mensais, a do cheque especial, a do CDC e a do carro, que já estava bem atrasada. Essas eram as dívidas mais caras.

Os médicos eu já havia pago, e o hospital coloquei na Justiça. Fui pagar quase quatro anos depois, metade do valor cobrado originalmente, sem nenhuma correção e ainda parcelado. E sou capaz de apostar que eles não tiveram prejuízo.

E os cartões de crédito? Esses ficaram de fora. Não tinha dinheiro para pagar todos de uma vez. Só fui negociar essa parte da dívida quase dois anos depois, quando já havia quitado todas as outras pendências. Você deve estar curioso para saber se o meu nome ficou sujo. Ficou. Argh! Calma, não foi tão ruim assim. Credores são implacáveis. Mas ter o nome nos serviços de proteção ao crédito definitivamente não é problema, como você verá mais adiante neste livro.

Observe que no caso dos cartões de crédito as negociações, com o passar do tempo, tendem a ficar cada vez mais vantajosas. Talvez porque as multas e os juros que eles cobram são tão absurdos e imorais que, quando fazem a negociação, tornam-se bastante condescendentes. O ideal é esperar pelas promoções que as administradoras de cartão fazem, acenando com pagamentos bem razoáveis, sem as multas, para não perderem você como cliente. Mas continuar pendurado nos cartões é um grande perigo, como também você vai ver mais adiante.

Fique atento a esse passo da reestruturação de sua dívida. Porque num primeiro momento você vai ao céu. Basta pagar a primeira prestação da renegociação de suas dívidas para o mundo financeiro voltar a cair a seus pés.

Seu nome sai imediatamente do cadastro de inadimplentes e você está apto a fazer novos crediários, pegar talões de cheque, obter novos cartões e por aí vai. Dessa forma, e não demora muito você está de volta ao inferno.

Aliás, não demora nada.

Assim, se você é como eu, mantenha seu nome nos cadastros de proteção ao crédito mesmo depois de ter iniciado sua reestruturação. Em alguns casos, a própria loja é que envia aos serviços o comunicado de que você está de volta à ativa. Em outros, como no caso dos cheques sem fundo, você mesmo tem de levar ao banco o cheque para que eles enviem ao Banco Central. Nesse caso, guarde um desses cheques com você e só entregue ao banco depois que você tiver quitado todas as suas dívidas.

Isso porque, enquanto você tiver pelo menos um cheque "pendurado" no cadastro do Banco Central, você não poderá ter novos talões de cheque, nem cartões de crédito, nem fazer crediários. Creia, trata-se de uma proteção maior para você do que para os lojistas nesse caso.

Localize a pessoa para quem você emitiu o cheque, reponha em dinheiro o valor devido e receba seu cheque de volta. Vá para casa e guarde-o com você, como uma relíquia, até que você tenha quitado todas as suas dívidas. Depois, entregue esse cheque ao seu gerente e ele saberá como fazer para encaminhar o documento ao Banco Central, e em poucos dias seu nome sai do cadastro dos emitentes de cheques sem fundo. ♦

Chegaram as continhas de Paris? Estão na bolsa? Deixa eu ver?
BAR
É só umas coisinhas
CLIC!
FUSSSSHH!!!
Esta aqui já está paga metade
ZEGA

Cap. 7

Meu cartão de crédito é uma navalha

Só há uma coisa pior do que cartão de crédito: cheque pré-datado.

Pessoas como eu e você deveriam ser protegidas por lei contra campanhas publicitárias de cartão de crédito. Em mãos com pouca habilidade para manusear orçamento, cartão de crédito vira uma navalha. Afiadíssima, é bom dizer.

Não faz muito tempo, vi no cinema um filme em que a mocinha, que está em Nova York, em determinado momento larga o noivo às vésperas do casamento e, num rompante, segue para o aeroporto, compra uma passagem e embarca para a Itália atrás de outro, que ela diz ser o seu verdadeiro amor. Não leva mala, não planeja a viagem e ainda larga as dívidas do casamento para o ex-noivo pagar.

Ao chegar à Itália, hospeda-se num hotel maravilhoso, vai comer num excelente restaurante e ainda aluga um carro. Ela só precisou do seu cartão de crédito. Tudo lindo, não fosse por um detalhe: quando a fatura do cartão de crédito chegar, ai dela se pedir dinheiro emprestado ao grande amor para pagar a conta. Só que esses detalhes o filme não mostra. Na tela do cinema a fatura não chega nunca, e ela vive feliz para sempre com o tal novo amor. Pois bem, vou contar como ficaria a situação dessa mocinha se o cinema contasse o que se passa por detrás das câmeras: ela estaria frita para pagar tudo o que gastou nessa viagem por impulso à bela Itália.

Na primeira viagem que fiz à Europa junto com meu marido, levei não um, mas três cartões de crédito. A experiência foi fantástica: França e Itália, de trem. Na época ainda éramos só namorados. Mas por conta da fatura dos cartões quase não casamos.

Quando veio a fatura, diante do tamanho da conta eu não sabia como me justificar para ele. Os limites dos três cartões estavam estourados. Alguém tinha de pagar, e não era eu, já que não possuía aquela quantia. Um dia fomos almoçar num restaurante do centro do Rio, onde dei a notícia.

– Tudo bem, eu pago – disse ele, resignado. – Onde estão as faturas?

Abri a bolsa, retirei uma a uma e fui entregando. A fisionomia dele foi assumindo contornos que eu nunca antes vira. Os olhos se abriram, como se não acreditasse no que via.

– Um Tipo! Você gastou um Tipo! – era tudo o que dizia.

Eu ia descendo na cadeira à proporção que ele aumentava o tom de voz.

– Um Tipo! Você gastou um Tipo! – repetia.

O Tipo, aquele antigo carro da Fiat, ele adorava. Queria comprar um, e para isso juntava dinheiro havia mais de um ano. E quanto mais ele falava "um Tipo, um Tipo, você gastou um Tipo", eu fazia força para me concentrar nas coisas que tinha comprado para dar a ele e assim compensar o automóvel perdido. Mas só me vinham à mente coisas de mulher, aqueles cremes maravilhosos que comprei em Paris, alguns perfumes e uns dois pares de sapatos italianos. Ah, havia dois cintos de homem também, mas isso, definitivamente, não valia um Tipo. E ele gritando, as pessoas olhando e eu chorando... Eu quase debaixo da mesa e ele lá:

– Um Tipo, um Tipo. Você gastou um Tipo. O que você comprou? – ele quis saber.

Eu não tinha resposta. Puxava pela memória, tentava lembrar de alguma coisa muito importante, mas nada.

Bem, ele ficou sem o Tipo, pagou as minhas faturas e nós nos casamos. Mas hoje estou completamente proibida de utilizar cartão de crédito.

O bombardeio de publicidade nos diz diariamente que podemos tudo com nossos cartões. Mas não se engane. Nós não podemos, e é por isso que estamos sempre às voltas com as dores de cabeça provocadas pelas dívidas.

O cartão de crédito é um instrumento fantástico quando usado de forma defensiva. Você pode fazer seu fluxo de caixa, programar pagamentos, aproveitar quando não há desconto para pagamentos à vista. Enfim, um monte de vantagens que não vale a pena ficar repetindo aqui. Deixemos o trabalho para os publicitários.

Fora do uso defensivo, tenha a certeza de que é melhor ficar distante dele. Você e eu nunca conseguiremos tirar vantagens do cartão de crédito utilizado agressivamente. É uma luta perdida. O cartão sempre vai ganhar de dez a zero.

Só que, como diria Joelmir Beting, na prática a teoria é outra. Não adianta rezar, fazer promessa, escrever mil vezes no caderno que não vamos usar o cartão de crédito. Basta entrar numa loja com um cartão no bolso ou na bolsa. Não se sai de lá com as mãos abanando. E quanto mais cartões tivermos, mais vamos comprar. É mais fácil um camelo passar pelo buraco de uma agulha do que deixarmos de comprar com o dinheiro de plástico à disposição.

Imagine a seguinte cena: fim de dezembro, início das liquidações e véspera de janeiro, o mês que concentra o pagamento de quase todos os impostos. Você entra então numa loja que, como sempre, está cheia de coisas extremamente importantes, que você está precisando, pela metade do preço. Aposto o que quiser que você não sai de lá ileso. O lojista e seu cartão de crédito vão lhe dar uma surra.

 Cá entre nós, não é uma cena difícil de imaginar, não é mesmo? Poucas pessoas entrariam, olhariam os produtos, pensariam nos preços, conversariam com o vendedor e depois sairiam sem gastar um centavo, mesmo tendo o cartão de crédito na carteira. Juro, tem gente assim. Eu conheço alguma. Essas pessoas, de hábitos muito estranhos para nós, raciocinam assim: está barato, eu até preciso, mas no mês que vem tem IPTU, IPVA, despesas das festas de Natal e réveillon para pagar, então é melhor esperar, talvez a promoção dure até fevereiro.

 Nós outros já pensamos assim: está muito barato, a promoção vai acabar, eu preciso muito e posso até levar outras coisas porque, se passar de certo valor, eles parcelam em três vezes no cartão. Pronto, está aí a senha para a ruína. Sabe por quê? Porque no mês seguinte agimos da mesma forma. Somos daquela espécie humana de consumidores compulsivos com um cartão de crédito na mão.

 As empresas operadoras de cartão querem que você compre e, de preferência, pague parcelado, para lhe cobrar os juros exorbitantes. Até aí, tudo bem, mas se você não conseguir pagar a fatura mensal inteira dificilmente conseguirá fazê-lo no mês seguinte, e menos ainda nos outros. É que, no sistema de juros compostos, ou seja, de juros sobre juros, usado nesse caso, a conta sobe tanto com o passar do tempo que um dia você simplesmente não terá como pagá-la.

Quando esse dia chegar, segure-se para não cair da cadeira. As multas impostas, além dos juros acumulados e do principal, elevam a soma às nuvens. Como se não bastasse, você recebe uma carta dizendo que seu nome vai para o SPC. Essa é a sigla do Serviço de Proteção ao Crédito e o que as pessoas se acostumaram a chamar de ter o nome "sujo". Na prática, não ter mais crédito na praça.

Economizar dinheiro é extremamente difícil para pessoas com nossa herança genética. Por isso, não ter dívidas, no nosso caso, já é um bom começo, equivale a ter dinheiro guardado. Por isso, siga este conselho: rasgue os talões de cheque e passe uma tesoura nos cartões de crédito. No lugar deles, passe a usar os cartões de débito. Estes, ao contrário dos cartões de crédito, só deixam você gastar o dinheiro que está na conta – e isso é ótimo.

Os talões de cheque são um perigo ainda maior do que os cartões, pois estão livres de qualquer limite. Você gasta e muitas vezes nem precisa pedir mais, eles chegam em casa, pelo correio, aos montes.

Meus sobrinhos, quando pedem alguma coisa e eu digo que estou sem dinheiro, eles sabem logo a solução: passa um cheque. Detalhe, um tem sete e o outro tem seis anos de idade. E o pior é que eu também já pensei como eles um dia, a diferença é que eu tinha mais de trinta.

Portanto, quando estiver montando seu programa de reestruturação financeira, muita atenção aos talões de cheques. Deixe-os longe do alcance da vista. Hoje todo mundo aceita cheque pré-datado. E cheque pré-datado é uma armadilha.

Diferentemente do cartão de crédito, no cheque pré-datado você não recebe mensalmente uma conta de extrato mostrando a evolução de suas despesas mês a mês. Você passa os cheques e se não for suficientemente organizado para relacionar todos os cheques pré-datados que emitiu e o dia do vencimento de cada um em sua agenda ou planilha, vai chegar o dia em que vão debitar da sua conta cheques que você não tem a menor idéia de quando, como e para que passou.

Definitivamente, os talões de cheques não vão ajudá-lo nessa peregrinação para se livrar das dívidas. Pior, eles podem complicar seriamente sua vida, pois passar cheque sem fundo pode ser caracterizado como crime, previsto no Código Penal. Assim, livre-se o quanto antes de seus talões. ♦

No começo, ele era como o seu: bonitinho. Depois, tomou conta de tudo. Hoje, ele já comeu todos os iogurtes da geladeira.

Cap. 8

Vou fingindo que sou rico para ninguém zombar de mim

Você evita abrir cartas com medo de cobrança? Você nunca se preocupa com as contas que não vencem este mês? Você tem pouco ou nenhum investimento? Você freqüentemente fica ansioso pelo salário do próximo mês ou por algum dinheiro extra? Você tem apenas uma vaga idéia de suas várias obrigações financeiras?

Se você respondeu sim para pelo menos uma dessas perguntas, já está aceito no clube. O clube das vítimas do endividamento compulsivo. Duplamente vítimas, porque, além de viver o sufoco das contas, não conseguimos construir um patrimônio.

Faça um inventário de todos os seus empréstimos e veja qual o lastro correspondente. Você verá uma montanha de quinquilharias que em nada vão ajudar na conquista da independência financeira, da aposentadoria confortável, nem mesmo da casa própria.

Você terá um DVD que só falta falar, um som de fazer babar músico profissional e um carrão que mata de inveja os vizinhos, além de morar (de aluguel) num apartamentaço, mas patrimônio que é bom, nada. Os bens de consumo que você adquiriu não podem ser chamados de investimento, e só serviram para aumentar o patrimônio do fabricante. Experimente vender qualquer um dos itens citados acima, logo após sair da loja. Eu duvido que alguém ofereça quantia próxima da que você pagou. Mesmo que o produto ainda esteja na caixa.

Conheço uma pessoa que prezo muito, vamos deixar claro, que certa vez entrou num financiamento para comprar a casa própria. Bem, o erro começa aí. Mesmo um empréstimo para comprar a casa própria, com taxas como as adotadas nos últimos anos, em geral não é um bom negócio.

Já perdi a conta das vezes em que ouvi alguém dizer que investiu num apartamento quando, na verdade, tomou um financiamento para comprar o imóvel. Num país com taxas de juro tão altas como as brasileiras, financiamento nunca será sinônimo de investimento, mesmo que seja para comprar bens de raiz.

Bem, a pessoa citada pagava como prestação de financiamento o dobro do aluguel de um apartamento similar no mesmo prédio. O financiamento se estendia por mais de dez anos. Na metade do tempo, se essa pessoa morasse de aluguel e investisse a diferença em relação às prestações do empréstimo, poderia comprar a vista o apartamento.

Mas essa é uma figura antiga do nosso clube. Um dos sócios honorários, sabe como é? Adivinhou? Pessoas desse tipo não têm disciplina para aplicar religiosamente, durante anos seguidos, o dinheiro economizado. Nosso personagem achou que sua solução fosse o endividamento. Não foi. Dois ou três anos depois, o endividamento tinha alcançado proporções absurdas. Se a prestação era o dobro do aluguel no início do financiamento, três anos depois chegava a quase o triplo. Conclusão: sem condições para continuar pagando o empréstimo, a pessoa teve de devolver o apartamento.

No meio do caminho, ela comprou dois carros, ambos financiados, e trocou geladeira e fogão. Fez algumas viagens e acumulou alguns meses de condomínio atrasado. Confuso? Nem tanto. Quando entregou o apartamento, a construtora devolveu uma pequena parte do dinheiro que ela por alguns anos pagou. Os carros ela vendeu, e com esse dinheiro quitou todas as dívidas que tinha.

Carro é uma espécie de paixão nacional. É impressionante como o brasileiro adora automóvel. Famílias de classe média costumam ter dois, três e até quatro carros na garagem. O filho passou na faculdade? Toma um carro. Ele não trabalha, não tem dinheiro para a gasolina, para o seguro, nem para o IPVA, mas sai por aí dirigindo o possante como se fosse mais uma bicicleta, com certo descaso.

Financiar carro é uma tolice. Se você precisa de dinheiro alheio para comprar um automóvel é porque, de outra forma, não poderia tê-lo. Só que carro não é investimento, e as taxas dos financiamentos costumam ser altíssimas.

Eu já comprei financiados vários carros, e sempre tive dificuldades para pagar. Conheço uma figuraça que ganhou um carro novo, não zero, mas novo, com cerca de dois anos de uso, e o que é melhor, quitado. Ganhou de presente. Sabe o que ela fez no momento seguinte? Vendeu o carro e com o dinheiro deu entrada em dois carros novinhos em folha, com um financiamento de 36 meses para cada um deles. Que tal? O impressionante é que, até hoje, afogada em dívidas, sem patrimônio e ainda longe de quitar os financiamentos, ela acha que fez um negócio e tanto.

Se coisas assim são feitas em nome da paixão pelo automóvel, até dá para entender. Pior são aquelas pessoas desprovidas desse sentimento, mas que exibem seus veículos novos, da moda, para, como dizia Noel Rosa, fingir que são ricas.

Esse grupo da espécie humana é ainda pior do que o nosso. Nós somos apenas descontrolados. Eles adicionam ao descontrole uma falha venial, o pecado capital da soberba. Ao tentar exibir um padrão que não é o seu, esse grupo enfrenta problemas sérios. Sofre por se exigir demais e ainda acumula dívidas que afetam sua própria saúde.

Diferentemente do nosso, antes de partir para uma reestruturação financeira esse outro grupo tem de passar por um processo anterior, o do tratamento psicológico. Precisa aprender a ter autoconfiança, saber que não deve provar nada a ninguém, enxergar sua vida como ela é, boa mesmo que seu nome não apareça entre os 500 mais ricos da revista *Forbes*.

Voltando ao nosso caso. Quando não temos controle sobre as nossas contas, podemos pagar mais do que o devido. Algumas pessoas se aproveitam dessa fraqueza. Por várias vezes paguei dobrado uma dívida por falta de controle, por não gostar de lidar com papelada e burocracia. Minha tendência é sempre jogar o comprovante fora. Trata-se de um erro. Mesmo na era da internet, guarde todos os seus recibos em papel, para não ter dúvida.

Os aproveitadores costumam achar que descontrole é sinal de burrice. No meu caso, sempre soube quando eles estavam me passando para trás.

No caso dos bancos e lojas não adianta, sem o maldito papel temos de pagar de novo. Certa vez, quando fui regularizar minha vida no Serasa, precisei da carta de determinada empresa atestando que eu havia quitado o débito. A quitação havia ocorrido cerca de dois anos antes. Mesmo assim, acredite, eles pediram que eu apresentasse o comprovante do pagamento porque, se não, teria de pagar de novo.

Ai, ai, ai, pensei. Vou morrer de novo com essa grana porque encontrar de novo esse papel, dois anos depois, é tão provável quanto achar chifre em cabeça de cavalo.

E não é que o encontrei? Foi a maior sorte. Até hoje me pergunto como é que não tinha ido parar no lixo aquele papelzinho todo amassado e riscado. São as surpresas da vida.

Então eu fui lá, toda feliz, com aquele minúsculo documento a comprovar a quitação para conseguir a carta pedida pelo Serasa na loja em que fizera o débito. E o mais incrível é que isso aconteceu já no século XXI. ◆

Bom dia!
Bom dia? Quero ver você comprar algo hoje. O seu nome está no SPC!
COBRANCA
COBRANCA
COBRANCA
COBRANCA
UTI
Como podemos cobrar alguém no coma?
COBRANCA
COBRANCA
COBRANCA
COBRANCA

Cap. 9

SPC, Serasa e outros bichos

Muita gente enxerga o SPC e o Serasa como inimigos mortais. Neste capítulo você verá que eles são dois grandes aliados. Se há alguém que pode ajudá-lo no processo de se livrar das dívidas, esse é o pessoal que trabalha no SPC ou no Serasa. Por uma razão simples: eles impedem que você continue se endividando. Alguém tem de fazer você parar. Pois esteja certo de que eles conseguem.

Algum tempo atrás, entrei numa loja na rua Oscar Freire, em São Paulo, e fiquei admirando as roupas sem pressa. Cada uma mais linda que a outra. Pensei: é realmente muito difícil viver sem elas. Pois bem, estava eu lá vendo os modelinhos básicos de algumas centenas de reais quando a vendedora sugeriu que eu experimentasse algumas das peças.

Começa sempre assim, de forma inocente, gentil mesmo. Experimentei e separei uma pequena montanha de peças. O total da compra era três vezes mais do que eu tinha disponível na minha conta-corrente. Eu ia pagar com cartão de débito, já que, como o banco havia muito cancelara meu talão de cheques e meus cartões de crédito, ele era o único instrumento de pagamento de que dispunha.

Avisei a vendedora:

— Preciso fazer uma seleção porque não tenho dinheiro para levar tudo, disse com sinceridade.

— Mas nós parcelamos em três vezes no cartão de crédito – argumentou a moça, já se fazendo de amiga íntima.

— Não posso usar meu cartão de crédito – respondi, sem me estender sobre a razão do impedimento. A explicação equivaleria a dar satisfação de assunto íntimo a uma virtual desconhecida.

— Ah!, então parcelemos em três cheques pré-datados – disse ela, animada por poder propor uma solução para o caso.

— Não uso cheque – respondi, lacônica.

Então ela começou a notar que havia algo de errado comigo. Afinal, eu estava em plena Oscar Freire, famosa por suas lojas chiques, no meio da tarde de um dia de semana. Deveria ser mais uma daquelas elegantes mulheres com marido rico, que nem sequer se dá ao trabalho de ver uma fatura de cartão de crédito. Mas eu não era. A vendedora deve ter me visto como um ET, um alienígena perdido na meca do consumo paulistano. Sua fisionomia já não denotava a mesma solicitude, tampouco a inicial gentileza.

— Vou pagar no cartão de débito – disse, resignada.

— É uma pena você não levar, porque as roupas ficaram lindas em você – ela ainda argumentou.

As vendedoras de roupas sempre dizem isso, mesmo que você esteja parecendo uma árvore de Natal ou um sapo sufocado por uma roupa apertada.

Com um suspiro final, conformada com minha restrição orçamentária, a moça foi passar na máquina o meu cartão de débito. Aí, surpresa!!! O limite do cartão de débito já estava esgotado. Isso mesmo. Ao contrário da gente, o cartão de débito também tem limite! Não sei quem inventou isso. Estaria meu marido envolvido nessa manobra sórdida? O fato é que, em geral, mesmo que você tenha dinheiro em conta o cartão possui um teto para gastos. Em alguns casos o limite é diário, em outros, semanal. Bem, o fato é que eu já havia estourado o limite. Se desprezo de vendedora matasse, eu morreria ali mesmo. Ainda assim, tentei amenizar.

– Eu não disse que não tinha grana? – disse, rindo.

– O que você vai fazer então? – disse ela, com aquele ar já bem distante.

– Bem, eu não vou fazer nada. Mas se você quiser guardar, posso voltar aqui amanhã para pagar e levar as roupas.

Até hoje não sei se ela fez o que sugeri, porque não voltei lá para saber. Minha vida continuou sendo boa mesmo sem aquelas roupas maravilhosas. Mas devo reconhecer: elas são caras, mas são perfeitas.

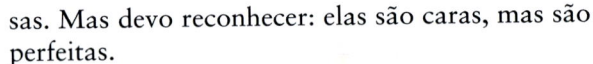

Agora, o mais interessante é o que aconteceu meses depois. A tal vendedora telefonou para a minha casa, toda simpática, como se fosse minha amiga íntima de novo, dizendo que a loja estava em liquidação e eu deveria dar uma passada lá. Provavelmente, ela não se lembrava de mim como a ET que a fez perder um tempo enorme. Apenas cumpria uma rotina de trabalho, ligando para as clientes cadastradas na loja para avisar sobre a liquidação, assim como fazia quando da chegada de uma nova coleção. E eu, mesmo pagando com cartão de débito, era uma cliente cadastrada.

Só saí invicta dessa aventura, sem comprar nada, porque não tinha cartão de crédito nem talão de cheques. E só não os tinha porque meu nome estava nos serviços de restrição ao crédito. Entendeu agora a importância de ficar com seu nome "sujo" enquanto reestrutura sua dívida? A situação pode não ser agradável, mas deve ser vista pelo lado positivo. Ela funciona como uma barreira entre você e o consumo supérfluo. E isso, convenhamos, representa um bom começo para pôr as contas em dia. ♦

— Posso tirar a venda?

— Ainda não. Tem outra liquidação ali adiante.

ELA DISSE QUE ARRUMOU UM EMPREGO MUITO LUCRATIVO PARA PAGAR AS CONTAS
ALGO ME DIZ QUE ELA ESTÁ NOS SACANEANDO
COBRANÇA
COBRANÇA
COBRANÇA
COBRANÇA
ZELA

Cap. 10

Não se deixe intimidar

Está na internet: você sabe a diferença entre advogados e terroristas? É que os terroristas têm simpatizantes.

Bem, há uma proliferação de escritórios de advocacia que propõem fazer cobranças. Funciona, basicamente, assim: eles pegam os créditos inadimplentes nas lojas e passam a cobrá-los; e sobre o que conseguem recuperar ganham um percentual. Se você tem dívidas em atraso, certamente já recebeu uma dessas cartinhas requisitando seu comparecimento em 24 horas para tratar de assunto do seu interesse. Diante de tal convocação, não se apavore. É o negócio deles. Aliás, quando for fazer o pagamento ou renegociar a dívida, certifique-se de que o escritório tem de fato o mandato para fazer a cobrança.

Já aconteceu certa vez de eu receber um telefonema de um desses escritórios cobrando uma dívida que eu já havia pago. No caso, paguei diretamente ao banco. Os cobradores desses escritórios costumam ser muito mal-educados, e às vezes nos tratam como criminosos. Reaja com altivez. Mostre a eles que você merece mais respeito.

As empresas têm o direito de cobrar, mas não o de constranger. No vale-tudo para atingir a meta de recuperação de crédito, os cobradores dos escritérios de rábulas extrapolam seus limites, ferindo com isso o artigo 42 do Código de Defesa do Consumidor.

Esse dispositivo da lei diz que, "na cobrança de débitos, o consumidor inadimplente não será exposto a ridículo, nem será submetido a qualquer tipo de constrangimento ou ameaça". Os cobradores podem ligar para os telefones dados para contato, mas além de seguir preceitos de civilidade não podem expor a sua situação de dívida para terceiros. Caso esse procedimento não seja obedecido, o consumidor tem o direito de requerer indenização por danos morais.

É lógico que provar na Justiça a ocorrência de danos morais não é tarefa simples, mas fique atento. Caso você se sinta ameaçado ou constrangido, em vez de partir para a briga com o cobrador, mantenha o sangue frio e recolha todo subsídio possível para usar como prova no tribunal.

Uma dica que li certa vez num jornal: como as empresas, de maneira geral, dizem que gravam as ligações, o consumidor pode pedir na Justiça a inversão do ônus da prova. Com isso, a empresa terá de mostrar a gravação para provar que não foram utilizados constrangimentos ou ameaças.

Um pouco de humor. Circula na internet uma pérola, o texto de uma carta de um devedor a um de seus credores. Não se sabe se a carta foi mesmo escrita e enviada pelo autor, mas vale a pena conhecê-la, para rir com sua presença de espírito. Diz o texto:

"Esta é a oitava carta jurídica de cobrança que recebo de Vossa Senhoria... Sei que não estou em dia com meus pagamentos. Acontece que eu estou devendo também em outras lojas, e todas esperam que lhes pague. Contudo, meus rendimentos mensais só permitem que eu pague duas prestações no fim de cada mês. As outras ficam para o mês seguinte. Estou ciente de que não sou injusto, daquele tipo que prefere pagar esta ou aquela empresa em detrimento das demais. Não! Todo mês, quando recebo meu salário, escrevo o nome dos meus credores em pequenos pedaços de papel, que enrolo e coloco dentro de uma caixa para um sorteio no mês seguinte. Afirmo aos senhores, com toda certeza, que sua empresa vem constando todos os meses na minha caixinha. Se não os paguei ainda, é porque os senhores estão com pouca sorte.

Finalmente, lhes faço uma advertência: Se os senhores continuarem com essa mania de me enviar cartas de cobrança ameaçadoras e insolentes, como a última que recebi, serei obrigado a excluir o nome de Vossa Senhoria dos meus sorteios mensais.

Obrigado".

O bom humor pode ser um grande aliado para lidar com os problemas relacionados a suas dívidas. Veja, não estou dizendo que esse é um problema trivial e que você não deve levá-lo a sério. Ao contrário, ter dívidas é um problema, entre outras coisas, porque é o principal entrave para você alcançar sua independência financeira.

Mas sempre fui uma adepta do bom humor. O humor pode nos ajudar a enfrentar melhor problemas que parecem intransponíveis, ligados ou não às dívidas.

Se você mantiver sua mente tranqüila poderá enxergar com maior clareza os caminhos para solucionar seus problemas financeiros. Não fique constrangido, portanto. Leve na esportiva, mas sem perder a consciência de que o assunto será resolvido se você conseguir manter a disciplina.

Algo que ajuda a manter a disciplina é escrever. É verdade. Li certa vez sobre isso e não acreditei, mas é verdade. Experimente. Escrever vai lhe ajudar em dois aspectos importantes. Primeiro vai deixar seu problema mais palpável, você conseguirá finalmente enxergar suas dívidas, elas não farão parte apenas de seus pensamentos. Você trará suas dívidas para o mundo real.

O segundo ponto importante é que ao escrever suas dívidas você estará quase num confessionário. Será como achar um confidente, com a vantagem de que o lápis e o papel não o estarão acusando o tempo todo sobre sua irresponsabilidade financeira. São aliados incondicionais, que estarão ali juntos durante todo o processo apenas para ajudar, sem nenhuma acusação.

Faça um diário, escreva mensalmente como está a evolução de sua reestruturação financeira. Quantas dívidas falta pagar, quantas você já pagou. Fixe metas e prazos. Aos poucos, você vai avançando. E aí, a cada etapa concluída, comemore! Longe dos cartões de crédito e dos cheques pré-datados!!! ◆

Vamos renegociar a dívida?
Principal!
CONTAS
COBRANÇA
COBRANÇA
COBRANÇA
COBRANÇA
MULTA!
CONTAS
ZECA

Cap. 11

Senhores, tenham pena de mim

*"Credores credores credores,
Agora é assim.
Senhores senhores senhores,
Tenham pena de mim."*

(*Dívidas* – Arnaldo Antunes/Branco Melo)

Quando ouvi esses versos pela primeira vez tive vontade de comprar o disco para dar de presente aos meus credores. Quantos telefonemas insolentes já recebemos de quem nos cobra dívidas? Os diálogos mantidos nessas ocasiões chegam a ser estapafúrdios. Hoje, chego a me perguntar se realmente existiram. Afinal, esses cobradores estão a serviço, em geral, de grandes empresas ou bancos, e deveriam ser minimamente treinados para nos ajudar a resolver a situação.

Certa vez eu estava na praia, vendo o mar de Angra dos Reis avançando até a linha do horizonte. O sol forte batia no meu corpo, o céu quase não tinha nuvens, e eu só escutava o barulho do mar. Era um daqueles dias perfeitos. De repente, começo a escutar o telefone tocando. Em plena praia, vindo não se sabe de onde, aquele trim, trim, trim insistente ofusca a paisagem e vai crescendo de volume até ficar ensurdecedor. Cada vez mais assustada, de repente acordei. A praia era um sonho. Mas não o barulho do telefone. Dei um salto da cama e corri para atender ao chamado. O aparelho ficava no cômodo ao lado do meu quarto. Assim que retiro o fone do gancho, escuto uma voz feminina h-o-r-r-o-r-o-s-a do outro lado, falando qualquer coisa sobre uma dívida de cartão de crédito.

    Fiquei indignada. Aquela tonta estava me tirando da praia para me lembrar de uma dívida, e àquela hora da manhã? Eu tinha passado a noite no hospital com a minha avó e fora dormir de madrugada. Fazia uma semana que estava nesse ritmo, e na verdade, trabalhando muitas horas por dia, não via o mar tinha quase um ano. Desnecessário dizer que, em tais condições, tinha perdido toda a minha cor e estava branca como uma vela. Era, portanto, um belo sonho, aquele do qual a minha interlocutora me arrancou.

    Bem, fui aos poucos acabando de acordar, lembrando-me de quem eu era e como estava minha vida financeira naquele momento. E a voz lá, dizendo que eu tinha uma dívida (como se eu pudesse esquecer), que isso, que aquilo, que a Justiça, que o protesto... As palavras, desconexas, iam entrando no meu ouvido, e tentei contra-argumentar.

— Minha avó está com uma doença grave, internada no hospital, precisa ser operada — disse à mulher que falava comigo ao telefone. — O plano de saúde não cobre e eu tenho duas opções: ou uso o dinheiro que tenho para pagar a cirurgia ou pago o cartão de crédito. Agora me dê um conselho, o que você faria no meu lugar?

– Pagaria a cirurgia da minha avó – respondeu a mulher.

– Vou seguir o seu conselho – disse eu, agradecida pela condescendência da voz.

– Só que tem uma coisa...

– O que é? – perguntei.

– Seu nome está aqui na lista dos devedores, e nosso sistema vai ligar todos os dias para a senhora.

– Ah, bom...

Conforme o prometido, foi assim por dias a fio, até que também o sistema achou melhor eu cuidar primeiro da minha avó. Só fui pagar aquela dívida do cartão recentemente, cerca de um ano atrás. Poderia tê-lo feito antes se não houvesse, como havia, uma multa exorbitante. Por causa dela, cobrada além dos juros, uma dívida de menos de 5 mil reais tinha saltado para mais de 40 mil. Eu devia, mas não esse exagero todo, mesmo se contabilizado todos os juros do período o valor não chegava nem perto da cifra que era cobrada. Por isso endureci. Comuniquei que só pagaria se reduzissem o passivo.

Então, um dia, recebi uma carta falando daquelas promoções de desconto, às quais já me referi. Pasmem todos do clube dos devedores; em vez de mais de 40 mil reais, agora me cobravam cerca de 4 mil, um décimo. Era para aproveitar, e resolvi pagar na hora. Como já não usava mais cheques, enviei dinheiro vivo para o meu contador para que ele fizesse o pagamento.

Mas surgiu outro problema no meio do caminho: o banco não aceitava o cheque do meu contador, que tinha depositado o dinheiro na própria conta. O cheque tinha de ser meu. Bem, meu contador discutiu, eu discuti, e nessas delongas o tempo foi passando. Três dias depois, um sujeito extremamente mal-educado me liga, fazendo a cobrança.

Argumentei que estávamos tentando pagar, mas a burocracia do banco impedia. Mesmo assim, disse, esperava resolver a questão no dia seguinte. Aí veio o golpe baixo:

– O.k., então a senhora pode pagar amanhã a quantia...

– Como? Mas isso é mais do que está estabelecido na carta – retruquei.

– É porque a senhora não pagou no dia determinado.

– Não paguei porque vocês não aceitaram o cheque.

– O fato é que a senhora não pagou, e temos de cobrar os juros desses dias de atraso.

Esses dias a que ele se referia já eram o atraso do atraso, porque o pagamento da dívida original do cartão vencera havia dois anos.

– Eu não vou pagar esses juros – respondi.

– A senhora está se negando a pagar a dívida? – inquiriu, já em voz alta.

– Não. Estou dizendo que vou pagar o valor que está na carta que vocês me enviaram e que não vou aceitar esses juros a mais – afirmei, também em voz alta.

– Nós vamos entrar na Justiça, ameaçou.

– Entre – desafiei.

– A senhora não quer pagar, é isso?

– Não, eu me recuso a pagar os juros a mais que você está cobrando – disse eu, já aos berros.

A conversa terminou assim, com guerra declarada. Cerca de três meses depois, qual não foi a minha surpresa ao receber outra carta do banco. De novo a proposta para pagar a conta em termos bem mais razoáveis, sem as multas exorbitantes que eles aplicam como penalidade que, na prática, inviabilizam qualquer acordo sério para quitar o pagamento. A carta reproduzia a anterior, e para não ter mais problemas, fui eu mesma pagar a conta numa agência bancária.

"TUDO BEM, A GENTE ADMITE QUE O VALOR DA MULTA NÃO ESTÁ NA BÍBLIA. FOI A GENTE QUE INVENTOU."

Como se vê, para uma boa reestruturação de dívida é preciso não mostrar medo diante de cara feia. Nunca se esqueça de que você não é o criminoso que está na cabeça deles. Aliás, como você já viu, quem está infringindo a lei são eles, quando o constrangem.

Depois que liquidei todo o meu passivo dos anos 90, voltei a quebrar em 2001. É verdade. Duro de admitir, mas resolvi que não vou esconder nada de você. Cometi o mesmo erro duas vezes, o que as pessoas de bom senso costumam chamar de burrice. O diálogo acima foi travado na segunda reestruturação.

É claro que dessa vez a situação era um pouco melhor, porque o meu nível de endividamento era bem mais baixo do que no início dos anos 90. Mas as despesas inesperadas existem, tenha a certeza. Elas vão aparecer a qualquer momento, e quando isso acontece você está liquidado se tiver cartões de crédito e cheque especial para pagar.

Você não leu antes neste livro que pessoas como nós são incapazes de guardar dinheiro para emergências? Por isso, gastadores contumazes, não podemos ter cheque especial, cartões de crédito ou qualquer tipo de prestação. Mesmo que os limites não estejam estourados, como era o meu caso na segunda vez, quando surge uma emergência temos de deixar essas contas de lado, sujeitando-nos depois a enfrentar aquela onda impiedosa de juros e multas a multiplicar as dívidas.

Assim, sem dívidas, pelo menos teremos mais flexibilidade para lidar com as emergências, já que nunca conseguiremos ter uma reserva de segurança. Credores são impiedosos, não me canso de dizer. E o que é pior: eles sempre vão enxergá-lo como um tipo de monstro, numa simplificação tão odiosa quanto equivocada.

Eu afirmo que uma grande maioria das pessoas em situação de inadimplência não paga seus débitos porque não consegue fazê-lo e não porque não quer. O brasileiro, ao contrário de certas piadas, é tão honesto quanto qualquer outro povo. Por isso, se os bancos e financeiras colocassem pessoas minimamente civilizadas para lidar com o problema, nós, os clientes, poderíamos estar recebendo, em vez de ameaças, bons conselhos para planejar os pagamentos e voltar ao caminho da solvência.

Esse é um problema tão sensível que deveria merecer mais atenção dos banqueiros. Afinal, todos sairiam ganhando. Eles reduziriam drasticamente a inadimplência em suas carteiras de crédito. Nós teríamos nossas necessidades satisfeitas, mesmo que tivéssemos de recorrer a algum crediário para antecipar nosso consumo, sem ranger de dentes para pagar a fatura no vencimento. ◆

EI! VAMOS DISCUTIR ESSA MULTA!
APERTEM O PASSO
COBRANÇA
COBRANÇA
COBRANÇA

Cap. 12

Mãos à obra

Bem, chegamos à parte final de nossa viagem. Dívidas povoaram a imaginação de muitos artistas, junto com suas musas inspiradoras. Seja como problema pessoal, seja por deixar amigos e parentes aflitos, as dívidas ou as causas que levam a elas tiveram o condão não apenas de transformar-se em tema central ou paralelo de obras como *Os Miseráveis*, de Victor Hugo, como também de trazer de volta artistas que viviam no Olimpo à sua condição, afinal, humana e terrena. Portanto, relaxe, você que deve e não nega, porque está em boa companhia. O fato de estar preocupado com o assunto só prova que você é honesto.

Há quem defenda que você simplesmente deixe de pagar. Eu sou contra. É importante quitar nossos débitos. Isso ajuda no bom funcionamento da economia e, mais do que isso, a sedimentar uma ética coletiva sem a qual não pode existir uma sociedade.

Às vezes, é preciso até pedir falência. Mas o soerguimento posterior constitui um aprendizado e tanto de vida. Portanto, agora que você está livre do injusto sentimento de culpa, aproveite para planejar sua volta por cima. Não importa quanto tempo possa levar, você só precisa estar certo de que vai conseguir. Confie em si próprio. E se, como eu, você cometer o erro duas vezes, não se preocupe. Comece de novo, sempre com tranqüilidade, porque nós dois sabemos que querer é poder.

Abaixo, tento resumir em dez passos o processo para você colocar as contas em dia.

Passo 1

Faça uma lista de todas as suas receitas: salário, pensão, aluguel de imóvel etc. Esse é um passo importante, porque lhe permite saber quanto realmente você tem disponível para viver. Esqueça o limite do cheque especial. Algumas pessoas (eu já fiz isso algumas vezes) têm a tendência de incorporar o limite do cheque especial como renda. Erro fatal. Limite do cheque especial é dívida.

Caso você não consiga, como eu, enxergar tal limite como uma dívida, peça ao seu gerente que simplesmente o elimine. Você pode sentir medo e ouvir a própria voz tremer, mas confie em mim. Vá em frente com segurança, fale firme com o gerente e não vacile. Há vida, e saudável, fora do cheque especial. Ele é um dinheiro que custa caro e, como tal, em vez de encurtar vai alongar o caminho para a sua independência financeira.

Veja bem, independência financeira não significa ficar rico. Você não tropeça num milionário a cada esquina. Ter independência financeira significa ser livre para fazer o que se gosta, sem precisar sofrer por conta de dinheiro.

Passo 2

Na mesma folha em que você listou suas receitas, coloque ao lado as despesas. Não considere as dívidas, apenas despesas mensais para viver, como comida, aluguel, escola, transporte etc.

Esse processo, simples, é o básico. Com ele você monta uma estrutura de balanço, como fazem as empresas para acompanhar a evolução dos negócios e prestar contas a seus acionistas. Só confrontando despesas e receitas será possível enxergar seu fluxo de caixa e saber se você está com lucro ou prejuízo.

Passo 3

Subtraia o total de despesas do total de receitas e veja quanto sobrou. Se não sobrou, volte para o passo anterior e seja mais criterioso. Por exemplo, se os gastos com telefone estão altos, tente reduzi-los.

Certa vez a minha conta telefônica ultrapassou os limites da racionalidade. No primeiro mês dei uma bronca geral em casa. Falei que a conta tinha de diminuir de qualquer jeito. No mês seguinte, veio um valor ainda mais alto. Na conta estavam listadas ligações de lugares em que eu nunca tinha colocado os pés.

Não tive dúvida. Liguei para a companhia telefônica e pedi o imediato cancelamento da minha linha.

– A senhora tem outras linhas, certo?– quis saber a moça do outro lado da linha.

– Não – respondi.

– Como não? – espantou-se a funcionária da empresa telefônica.

– Olha aqui, minha filha, eu só quero que você cancele a linha – reforcei, querendo encerrar logo o assunto.

– Mas como a senhora vai ficar sem telefone? Sem internet? – indignou-se a moça.

– Pelo que estou pagando de conta telefônica eu contrato alguns mensageiros e ainda faço economia – respondi.

– Mas nos dias de hoje... – argumentou mais uma vez a moça.

– Nos dias de hoje, pagar mais de 600 reais de conta de telefone é suicídio, e eu estou nova demais para morrer – ironizei.

O fato é que ou a companhia telefônica estava me roubando ou as pessoas que viviam na minha casa estavam completamente viciadas em telefone.

Até hoje acho que é um pouco de cada coisa. Assim, permaneci firme. Queria cancelar minha linha telefônica. Não teria mais telefone em casa.

A moça então me ofereceu uma linha com custo fixo de cerca de 30 reais mensais. Por esse valor eu teria internet e poderia fazer ligação local. Interurbano, internacional e receber ligações a cobrar, nem pensar. Perfeito. Fechei então o pacote oferecido e com ele permaneci por alguns anos.

Passo 4

Com o que sobrou de suas receitas após deduzir todas as despesas, monte um programa para iniciar a reestruturação de dívidas.

É importante, portanto, que seu orçamento tenha alguma folga. Sem isso, você não pode começar a quitar suas dívidas. Depois que seu passivo estiver liquidado, aí então as sobras orçamentárias podem servir para que você construa seu patrimônio. Observe, no passo seguinte, que o ideal é uma folga orçamentária de pelo menos 15% para conseguir pagar suas dívidas.

Passo 5

Separe de 15 a 20% da sua receita mensal para o pagamento das dívidas. Não feche nenhum acordo acima disso. Você precisa estar certo de que dará conta do recado, não desistirá no meio do caminho.

Por maior que seja a sua vontade de pagar as dívidas, se elas consumirem mais do que 20% de seu orçamento você fracassará. Já passei por isso também. Queria tanto quitar meu passivo que, certa vez, comprometi mais de 50% de minha renda para isso. Durou dois meses. Portanto, seja realista. Comprometa-se apenas com prestações que você conseguirá pagar.

No entanto, se você fraquejar não desista. Comece tudo de novo. Eu também fraquejei algumas vezes. Houve meses em que simplesmente não paguei dívida nenhuma, apenas gastei dinheiro. Mas depois retornei à minha rota de solvência e consegui alcançar meu objetivo.

Passo 6

Liste suas dívidas, incluindo os juros que deve pagar por cada uma delas. Esse processo vai ajudá-lo a enxergar seu passivo. É importante por duas razões: você verá quanto custa de fato cada uma de suas dívidas e os frutos que obtém com isso.

A percepção do custo lhe permitirá escolher as dívidas a quitar em primeiro lugar. Já no tópico dos benefícios, com o dimensionamento correto você poderá ver que muitas vezes andou se endividando por quinquilharias.

Passo 7

Comece quitando as dívidas mais caras, como a do cheque especial. Fale com o credor e estabeleça quanto será pago mensalmente.

Quando refinancia suas dívidas, você interrompe o processo de acumulação de juros e multas, e isso é ótimo. Não esqueça nunca de pedir um abatimento na hora em que estiver reestruturando seu passivo. Os bancos esperam por isso. Se você tem pena de banqueiro, pode ficar tranqüilo, eles não terão prejuízo. Feche a reestruturação em parcelas fixas, e só depois de também negociar a questão das multas e dos juros excessivos.

Passo 8

Aceite o crédito direto ao consumidor, CDC, que os bancos oferecem, para quitar o cheque especial. É bom negócio: os juros cobrados no CDC costumam ser mais baixos que os do cheque especial. Há também os empréstimos vinculados à folha de pagamento. É negócio melhor ainda, porque as taxas são ainda mais baixas.

Mas muito cuidado! Você não pode, em hipótese nenhuma, ficar pendurado com outros financiamentos ao mesmo tempo. Por isso peça imediatamente o cancelamento do cheque especial e destrua seus cartões de crédito.

Passo 9

Não ligue para o tempo, mesmo que você leve anos para quitar todas as suas dívidas. O importante é saber que você iniciou o processo de livrar-se do passivo. E se não assumir novas dívidas, tão certo quanto dois mais dois dão quatro seu passivo atual um dia vai desaparecer. O empenho na reestruturação também funciona como um freio a novos endividamentos. Você sente na pele quanto custa deixar as contas em dia.

Passo 10

Por último, mas não menos importante, deixe de se intimidar com cara feia e ameaças. Se algum cobrador tratar você mal durante esse período, simplesmente ignore-o.

Durante todo o processo para sair do abismo financeiro, contei com ajuda valiosa de algumas pessoas. Mas, por incrível que pareça, a maior ajuda não veio em dinheiro. Sou capaz de arriscar dizer que quando você toma dinheiro emprestado de familiares para quitar uma dívida, está arrumando mais um problema, e ainda pior do que dever aos bancos e financeiras. Porque, como já falei, reestruturação de dívida faz parte da rotina dos bancos. Mas definitivamente não é o negócio do seu irmão ou cunhado.

Assim, ou o parente lhe dá o dinheiro para pagar a dívida e ponto final ou então que se restrinja a dar apoio moral na sua decisão. Pegar dinheiro emprestado de amigo ou parente é um erro. Já estive nas duas pontas. Já tomei empréstimos de parente e também já socorri alguns em momentos de dificuldades, e lhe asseguro, me arrependi nas duas vezes.

Quando você socorre alguém que está com problemas financeiros acaba se achando no direito de dizer à pessoa como ela deve gastar o seu próprio dinheiro. Ocorre que esse parente volta a ficar em aperto financeiro e você volta a lhe dar dinheiro (note que eu falei em doação e não em empréstimo). E em determinado momento você começa a ditar as regras de como ele deve organizar a vida pessoal dele, o que não dá certo, em nenhuma circunstância. É um erro que destrói qualquer relação de amizade ou parentesco. Você se acha injustiçado e ele te acha um carrasco, um chato ou coisa pior.

Assim, cada um deve cumprir o seu papel. O banco, renegociar; você, ajustar o orçamento e pagar o combinado na reestruturação da dívida; e seus amigos e parentes na torcida, sempre com palavras de incentivo, nunca de acusação. Deixe que da punição o sistema financeiro é capaz de cuidar sozinho.

Outro ponto relevante. Não esconda nada do seu marido, mulher, pai ou filho. Em boa parte dos casos, a maior angústia e sofrimento advêm do fato de você ter de esconder da família sua falência financeira pessoal. Sua família é seu maior aliado nesse processo. Partilhar com eles o problema vai lhe dar tranqüilidade para encontrar a solução correta.

Ah, mas você não tem coragem de contar ao seu marido ou a sua mulher o tamanho da encrenca em que se meteu? Comece pelo pior. Escolha a sua pior dívida, o seu maior problema, e conte, de uma única vez. Prepare-se, porque a artilharia é pesada e você vai ouvir poucas e boas.

Mas as outras dívidas parecerão problemas bem menores. Por fim, dê o livro de presente a eles para que tenham a certeza de que essa história pode ter um final feliz. ◆